Colección Filosofía y Teoría Políticas
dirigida por Fabián Ludueña Romandini

La pregunta por el sentido de la política,
su alcance, su tradición y sus posibilidades
ha sido fundamental en las más diversas culturas.
La presente colección busca interrogarse sobre
el fenómeno de lo político atendiendo a
la pluralidad de perspectivas históricas y escuelas
teóricas. En igual medida, la política se encuentra
en asiduo contacto con otros saberes y prácticas
de cuya variedad también se querrá dar cuenta.
En la línea del legado de Hannah Arendt,
se trata de que los libros vayan tejiendo la trama
de investigaciones que, al mismo tiempo,
permita pensar en un nuevo mundo público común
frente a los desafíos crecientes de la política global
en el presente siglo.

Juan José Martínez Olguín

Los pliegues de la democracia. Derechos Humanos, populismos y polarización política

1ª ed. - Barcelona / Buenos Aires: Miño y Dávila editores - Marzo 2025.

124 p.; 22,5x14,5 cm.

ISBN: 978-84-19830-93-7
e-ISBN: 978-84-19830-94-4
Depósito legal: M-1473-2025

Edición: Primera. Marzo 2025
Lugar de edición: Barcelona, España / Buenos Aires, Argentina

ISBN: 978-84-19830-93-7
e-ISBN: 978-84-19830-94-4
Depósito legal: M-1473-2025

THEMA: QDTS [Social & political philosophy]
QDT [Topics in philosophy]
BISAC: PHI019000 [Political]
IBIC: HPS [Filosofía social y política]
WGS: 710 [Social sciences, law, economy / Social sciences general]
6730 [Social sciences, law, economy / Political science]

Ilustración de portada: Chelo Astorga, "Abstracto Esgrafiado 2" (pintura acrílica, técnica mixta).

Diseño: Gerardo Miño

Página web: www.minoydavila.com.ar

Mail: minoydavila@gmail.com

Dirección: Miño y Dávila s.r.l.
Tacuarí 540.
(C1071AAL), Buenos Aires
Whatsapp (+54 9 11) 6226-7681

Juan José Martínez Olguín

Los pliegues de la democracia

Derechos Humanos, populismos y polarización política

MIÑO y DÁVILA
◆ EDITORES ◆

ÍNDICE

Para Amapola y María, los amores de mi vida

INTRODUCCIÓN

"La expresión de lo que existe es una tarea infinita"

Maurice Merleau-Ponty, 1948.

*U*nánime. O casi. El diagnóstico es, si se me permite la exageración, unánime. Periodistas, intelectuales, académicos, analistas políticos, personalidades de la cultura, ciudadanos de a pie, filósofos, artistas: todos –o *casi* todos, insisto– convergen o coinciden en una mirada que, más rápido que tarde, comenzó a dominar la conversación pública y a impregnar de sentido y fuerza cada vez con mayor ahínco los diferentes ámbitos y esferas de la vida social. Con su matices y tonos, claro, con sus especificidades o lenguajes propios, desde luego. Me refiero, en efecto, al diagnóstico o la mirada, decía, que encuentra a las democracias contemporáneas, de Europa a Latinoamérica, y de América del Norte a buena parte de Asia, en una situación más que delicada. Y decir delicada es, en rigor, un eufemismo que, seguramente, para los resortes que animan este diagnóstico o mirada tiene sabor a poco. Porque más que como una situación delicada esta última es percibida, desde esta perspectiva, como una situación terminal, decididamente crucial, y hasta inédita si se tiene en cuenta, por ejemplo, los trabajos que, aquí y allá, comenzaron a circular desde hace un buen tiempo en el campo intelectual y académico de las más heterogéneas latitudes del mundo. La palabra que, en este sentido, mejor describiría, o parece describir, las condiciones actuales de las democracias contemporáneas, siguiendo siempre esta interpretación dominante, es la palabra crisis. La situación es crítica, se nos dice. Crítica es, por ende, el adjetivo que mejor le cabe o expresa la percepción de las transformaciones y cambios, de las mutaciones y reacomodamientos que el sistema político por excelencia de los países herederos de la Revolución Francesa, la democracia, atraviesa desde las últimas décadas. Pero esta crisis no es, desde luego, vista y percibida como producto de los influjos de las mismas variables y factores determinantes. Aquí, como bien sabemos, cada cual maneja su libreto y las explicaciones para comprender y dilucidar las causas de esta crisis de las democracias son amplias, y de ningún modo unánimes, como el diagnóstico o la mirada que las antecede o les da su relieve. Las democracias contemporáneas están en crisis, puesto en otras palabras, pero los motivos que dan cuenta de esta crisis dependen ya de otros motivos que la exceden ampliamente. El panorama, en este punto y como era de esperarse, se empantana. Hace falta, pues, atravesar el pantano para ver qué hay detrás, es decir, hace falta cruzarlo. Pero, como es evidente, para eso hay que estar del otro lado, *atravesarlo.* En buena medida, como veremos a lo largo de las páginas que siguen, la vocación primera de este libro es atravesar este pantano sin perder por ello, en el camino, algunos aspectos decididamente importantes. Atravesar el pantano del diagnóstico o la mirada que nos dice que las democracias están en crisis no significa, pues, necesariamente ratificar o confirmar ese diagnóstico o mirada. Ni mucho menos.

Tres temas sobresalen, en este contexto, como particularmente vinculados a esta difícil e incierta coyuntura que nubla el futuro o el porvenir, siempre reclamado y prometido como auspicioso, de los sistemas democráticos. El primero es, sin dudas, el de la polarización política. La radicalización y el paulatino descentramiento de las posiciones político-ideológicas de los partidos políticos que componen, o compusieron tradicionalmente, a estos últimos en el mundo parece ser, sin dudas, una de las aristas que explican esta coyuntura incierta, crítica. El politólogo polaco Adam Przeworski describe con toda claridad la dinámica en la que eventualmente desemboca el ascenso y consolidación de aquellas posiciones político-ideológicas que, al mismo tiempo que alimentan esta economía polarizadora, socavan el principio constitutivo de la democracia, el principio de la representación entre gobernantes y gobernados, por la vía de la proliferación de las visiones extremas e, insisto, radicalizadas:

> La polarización política, que tiene raíces profundas en las divisiones económicas, sociales y culturales –escribe Przeworski–, vuelve a las derrotas electorales difíciles de aceptar e induce a los perdedores a orientar sus acciones fuera del marco de las instituciones representativas.[1]

Los ejemplos, en este punto, sobran: el ascenso de la extrema derecha encabezada por Marine Le Pen –hija del otrora líder del Frente Nacional Jean-Marie Le Pen–, en Francia, de Vox, en España, de la líder Giorgia Meloni y su movimiento extremista Hermanos de Italia, en ese país, etc., no hacen más que confirmar esta fuerza centrífuga que expulsa del centro, si se me permite la expresión, a las fuerzas políticas anteriormente "hegemónicas" de la política democrática. En efecto, y en paralelo a esta fuerza centrífuga que disminuye la intensidad y la importancia de las posiciones de centro en las democracias contemporáneas, y que por ende agudiza la intensidad del conflicto político y de su gestión vía los canales institucionales (lo que induce, como señala Przeworski, a orientar las acciones por fuera del marco de las instituciones representativas a través del rechazo, al menos en su registro enunciativo, como veremos enseguida, del propio mecanismo eleccionario), se señala con frecuencia la aparición de nuevos estilos de liderazgos que acompañan este desplazamiento del centro político: los denominados lideres antisistema, o *outsiders.* América Latina, pero también América del Norte y parte de Europa, dan un fiel testimonio de esta emergencia de líderes antisistema, o *outsiders.* Trump en Estados Unidos, Bolsonaro en Brasil, Milei en Argentina, o el propio Rishi Sunak en Inglaterra, por caso. Si bien, como intentaremos desarrollar en las páginas que siguen, todos ellos tienen rasgos y características ideológicas bien distintas (que van del liberalismo ortodoxo de Bolsonaro al liberalismo libertario y radical de Milei, al agresivo nacionalismo supremacista de Trump, por ejemplo), comparten un estilo, justamente, que los

---

1. Przeworski, Adam: *Las crisis de la democracia. ¿A dónde pueden llevarnos el desgaste institucional y la polarización?,* Buenos Aires, Siglo XXI, 2022, p. 10.

une entre sí y, muy especialmente, a esa dinámica polarizadora de la política que diluye las posiciones moderadas y más afectas a la lógica institucional y representativa de las democracias.

El segundo gran tema que sobrevuela las mutaciones, transformaciones y crisis de estas últimas es el siempre taquillero y machacado fenómeno populista. Los populismos, como bien sabemos, no son de ningún modo un fenómeno nuevo o inédito, ni en lo que respecta a la literatura politológica y sociológica especializada, ni en su circulación en el debate público para dar cuenta de expresiones políticas de nuevo cuño, asociadas frecuentemente en este último caso al universo expresivo de un tipo específico de liderazgo: el demagógico y autoritario. No es casual, por ende, que los casos antes mencionados de Trump, Bolsonaro, etc., sean también a menudo identificados con liderazgos populistas: ya sea de derecha o de izquierda, nacionalistas o "revolucionarios". La economía y el efecto de intensificación del conflicto político, la polarización política, que en parte caracteriza a todos estos estilos de liderazgos los convierte, en este punto, en una categoría fácil (aunque erróneamente) explicativa del avance de la erosión de la legitimidad democrática. De hecho, en América Latina los populismos clásicos han sido a la vez que movimientos democratizadores de la vida en común, regímenes con enormes dificultades para convivir con el pluralismo político y la democracia liberal. Este viejo y clásico dilema, el de la tensión entre democracia liberal y populismos, que en efecto alimentó y alimenta los estudios sobre los populismos en Latinoamérica, vuelve así a resurgir y a cobrar importancia en la actual coyuntura crítica de las democracias, pero ahora con el fondo de la polarización política y la aparición de liderazgos radicalizados. Sin ir más lejos, muchos de los gobiernos "progresistas" de las últimas décadas que emergieron en nuestras latitudes fueron y son etiquetados como gobiernos populistas que ponen en riesgo, como los viejos populismos, los mecanismos democráticos, y muy especialmente las diferentes libertades públicas. En buena medida el retorno en este ensayo a los textos clásicos sobre los estudios de los populismos y las experiencias populistas de mediados del siglo XX en Argentina, especialmente, pero también en México, Colombia y Brasil, tiene como vocación, justamente, despejar esta lectura que asocia los avatares actuales del mundo democrático con el fenómeno populista, cuyos parecidos son sin dudas relevantes, pero cuya especificidad no encuentra eco, en rigor, en estos últimos.

Finalmente, el tercer y último tema que sobrevuela, y muchas veces encuadra, contextualiza y actúa como fondo, como sostiene Martín Plot a partir de Merleau-Ponty, de las nuevas figuras que la política democrática pone de relieve, es el siempre álgido problema de los Derechos Humanos. En efecto, no solo se presenta bajo estilos de liderazgos nuevos y el resurgimiento de la agudización del conflicto político y las posiciones partidarias que lo alimentan, sino también con la extrapolación de todo ello a los vínculos internacionales y de los propios Estados y democracias entre sí. Aquí, como decía, convergen dos aspectos que en alguna medida no son menores y que, en este punto, circundan el debate en torno a las crisis de las democracias. En primer lugar, el advenimiento, desde al menos los últimos años del siglo XX, de regímenes políticos que al mismo tiempo que dirimen su legitimidad en las urnas (aunque en muchos casos en más que dudosas circunstancias, como es el caso de Venezuela o Rusia, por ejemplo), despliegan políticas abiertamente violatorias de los principios más básicos que ponen en juego los derechos humanos: desde la persecución política de opositores hasta, insisto, el propio mecanismo eleccionario. La hibridez y superposición de estas dos aristas (la frágil legitimidad que adoptan los procesos eleccionarios en dichos países y la puesta en práctica de políticas abiertamente autoritarias) presentan un enorme desafío para la consolidación y expansión de la democracia. Asimismo, y en segundo lugar, la situación crítica de los propios derechos humanos en el ámbito internacional y en el vínculo entre los propios Estados no deja de ser una alarma para los sistemas democráticos y para el derecho internacional todo: al mismo tiempo que se enarbola la defensa de dichos derechos y de la democracia, en nombre de un humanismo impostado, se difunde el terror como el anverso del reverso del peligro del Otro como amenaza para las propias formas de vida comunitarias. La visión ascendente, dicho de otro modo, de un humanismo ético y del terror como su reverso, tiende a saturar la polisemia y la potencia expresiva de los derechos humanos como horizonte de organización de las democracias contemporáneas, incluso y a pesar de que su reflejo en un universo expresivo que convoca, insisto, el cuidado de los primeros y la defensa de las segundas. Como intentaré desarrollar en uno de los últimos capítulos de este libro, Estados Unidos y la guerra contra el terrorismo han estado a la cabeza de este nuevo pliegue de la política democrática, con el fondo abismal que ellos implican e involucran, en términos de riesgos, para la propia política democrática.

Estos tres grandes temas que, decía, están a la orden del día en la conversación pública y en los ámbitos más especializados del mundo democrático, y cuya importancia es decisiva para avanzar hacia una comprensión, sino completa al menos profunda de los cambios, metamorfosis, y crisis de las democracias, están, desde luego, presentes en todo momento en este libro. No obstante, su tratamiento o abordaje se distancia, en buen grado, de buena parte de la literatura politológica, sociológica y teórico política que los ha puesto, con buen tino, "en el tapete". No porque se trate, en efecto, de una apuesta que se oponga o rechace dicha literatura: sino, en todo caso, porque su vocación es ante todo complementarla o, mejor aun, aportar a la pluralidad que la urgencia de estos temas tiene para nuestra vida en común o comunitaria.

Comencemos, entonces, por el comienzo. Ni completamente *reversible* ni completamente *irreversible*, la democracia no tiene, en rigor, ni esencia ni *arkhé*, ni principio ni sustancia. Su sustancia, en efecto, no tiene sustancia. Su elemento, o su materia, dicho de otro modo, no tiene forma predeterminada, ni marco ni estilo que la determine. Carne de nuestra carne, sustancia de nuestra materia indeterminada, amorfa, plástica y maleable, la democracia es, antes que un régimen político en su sentido restringido, esto es un entramado jurídico político específico (el que constituye lo que conocemos como la inédita convergencia histórica entre el Estado de Derecho y el principio de la representación política, las democracias liberales), un estilo o pliegue de la política, o lo político, para decirlo con los posfundacionalistas, que dibuja y configura expresiones históricas, situadas, de la vida en común o colectiva. Desde luego que estas expresiones o, como veremos en lo sucesivo, pliegues de la política, la vida en común o lo común percibido, democrática, no son de ningún modo de cualquier tipo o *estilo.* Todo universo común o colectivo, sobre el cual se apoyan las formas colectivas (jurídicas, ideológicas, culturales, políticas en sentido restringido, etc.) posee, insisto, un estilo que lo constituye: la forma totalitaria de la vida en común se fundamentó, como lúcidamente supo describirlo Lefort, sobre la percepción del cuerpo del líder como encarnación del cuerpo social y político, bajo el universo expresivo que organiza la verdad como episteme que le da su particular estilo. Las sociedades monárquicas cristianas sobre la percepción del cuerpo del rey como encarnación del cuerpo de Cristo, devenido, así, el primero, cuerpo mortal e inmortal, garantía, por ende, divina o sagrada de la unidad social, componiendo como tal el estilo estrictamente teológico político de la política y de la vida comunitaria, etc. Las sociedades democráticas, por su parte, se caracterizan por su radical apertura, por la composición de un estilo él mismo, como sostiene Plot, sobrereflexivo e hiperdialéctico, esto es, capaz de plegarse sobre sí mismo acogiendo en su interior una pluralidad y diversidad inconmensurable, justamente, *de estilos,* pliegues, torsiones o formas de su forma.

En este sentido, la sustancia insustancial, la materia inmaterial, *la carne de la carne* que le da *vida* a la vida en común democrática es ese texto que inaugura la propia aventura democrática, el advenimiento de ese estilo de vida en común que, desde al menos la Revolución Francesa, acoge y recoge esa indeterminación, autoreflexividad, esa sensibilidad *sensible* de esa materia, ese sensible de la sensibilidad material de nuestra carne, esa pluralidad y diversidad *expresivamente* imposible de ser *encarnada* en un cuerpo, materia, colectivo o líder: la Declaración de los Derechos Humanos, el universo expresivo que hacen posible los derechos humanos como fondo sobre el cual cualquier figura social puede ser, al mismo tiempo que *hecha carne,* siempre pasible de ser transformada *en su carnalidad* histórica y situada. Esto es: ni horizonte ético o, peor aun, moral, que dicta las buenas y malas formas de la vida democrática, y mucho menos que ajusta sus buenas y malas formas a la lucha contra el terrorismo o el Mal que encarna el Otro, sea cual fuere ese Otro (inmigrantes, musulmanes, terroristas, etc.), para abroquelar y socavar cualquier atisbo de pluralismo y diversidad expresiva y perceptiva, y por ende estilo democrático de vida colectiva, ni (solo) formalidad abstracta y jurídico institucional que da vida al Estado de Derecho de nuestras democracias contemporáneas, pero tampoco, sobre todo y especialmente, conjunto de normas que dictan el deber ser de estas últimas. Los derechos humanos son una verdadera tradición o *Stifung*, como planteo aquí, esto es un universo expresivo siempre sedimentado y siempre pasible de ser reactivado y transformado, pliegue de la política y por ende de la formas comunes de vida, capaz de multiplicarse ellas mismas con la sola condición de no convertir la inmaterialidad de su materia o la insustancialidad de su sustancia, su carne, en cuerpo y, por ende, en regímenes políticos, en su sentido amplio, incapaces de verse con la pluralidad misma de sus formas, *pliegues*, torsiones *o estilos*.

Esto último constituye, en efecto y como decía más arriba, el comienzo del comienzo de este libro, su punto de partida. Punto de partida, en efecto, pero también y fundamentalmente punto de llegada, comienzo del comienzo, por ende, de la reflexión a la que convoca este trabajo pero, en paralelo, horizonte que la cubre y la organiza. En primer lugar, porque esta concepción de la democracia, que como veremos en breve tiene en la fenomenología de Merleau-Ponty sus pilares fundamentales, nos permite sortear la equivocada interpretación de esta como régimen político fundado o constituido por un *arkhé*, una esencia o algún tipo de marco normativo, como decía más arriba, que le da su estilo o expresión específica. O mejor aun: que delinea cuál es su estilo o forma *más propia,* definitiva. Ya sea que le asignemos o vinculemos esta forma o estilo definitivo con, nuevamente, ese marco normativo (el propio Estado de Derecho y su anquilosamiento como resultado de la reducción entre el derecho y los hechos, como veremos en el tercer capítulo del texto), una expresión idealizada o estanca de los derechos humanos (que le quite a estos su verdadera potencia expresiva, esto es plural e intrínsecamente abstracta e indeterminable, ambigua, es decir política), una mera forma separada de la materialidad de los hechos y las formas materiales de vida (el marxismo más ortodoxo), o bien que la reduzca, más simple y llanamente, al principio representativo y al entramado institucional que lo soporta o lo sostiene. En segundo lugar, pero no menos importante, porque este comienzo o punto de partida nos invita, contra esta idea tan ampliamente difundida, con sus matices y sus tonos, con su variaciones y torsiones, no solo en boca de periodistas, comunicadores y analistas políticos, sino también en buena parte del mundo intelectual o académico, a recuperar eso que, desde al advenimiento de la aventura democrática a fines del siglo XVIII, es decir de su advenimiento como producto de la separación entre lo teológico y lo político con la llegada de la modernidad, la Revolución Francesa y los derechos humanos, conforman las diferentes torsiones, estilos o pliegues de la democracia, aquí y allá. Estilos, torsiones o pliegues que, en efecto, marcan el pulso y el ritmo de la vida democrática en nuestras sociedades occidentales.

Fiel, no obstante, a las raíces fenomenológicas que guían esta reflexión, la vocación de esta búsqueda no tiene, de ningún modo, una mirada historiográfica, sociológica o estrictamente politológica de los avatares de esta aventura. *Muy por el contrario*. Aunque sin renunciar a la historia, al saber sociológico y a los aportes de la ciencia política, esta búsqueda es alimentada por la convicción profunda de que, sustraída de todo principio, esencia o *arkhé*, la aventura democrática, que abarca la génesis misma de la *Stifung* o tradición democrática del pliegue de la política hasta sus expresiones o estilos actuales, resulta vital para comprender no solo esos avatares, los estilos o expresiones de esta última, sino fundamentalmente la actualidad y el presente de nuestras democracias contemporáneas. Y esto es, en efecto, lo que involucra la principal apuesta de este trabajo: comprender este presente o actualidad, antes que como una crisis o situación terminal de las democracias, como una *más* de las mutaciones o metamorfosis de estas, y por ende como el suelo sobre el cual se despliegan los diferentes estilos o torsiones del régimen político que vuelve carne y le da entidad carnal a nuestra vida en común desde hace ya, con sus continuidades y rupturas, al menos doscientos años. En buena medida, y salvando las distancias que las separan, vale la pena entrelazar esa vieja tesis de Marx a propósito del capitalismo y de sus crisis sistémicas, para acercarse, aunque más no sea bajo la forma de un acercamiento "impuro" y a todas luces parcial, a esta concepción, si se me permite la osadía, fenomenológica de la democracia: en cierto modo, las crisis de las democracias son mucho menos una crisis en el sentido corriente, es decir una exposición del posible fin, o del carácter terminal de la situación de estas, y por ende su inevitable ocaso, sino, antes bien, la expresión "auténtica" de su no esencia, de su falta de principio o *arkhé*. Desde luego que esto no significa, ni mucho menos, que hayamos llegado, como supo mal predecirlo pero muy bien graficarlo canónicamente Francis Fukuyama, al fin de la historia y a la reconciliación final de la humanidad consigo misma en la idílica convivencia entre capitalismo o mercado y democracia liberal. Supone, en cambio, explorar esas crisis en términos de sus movimientos intrínsecos (sistémicos, para recuperar la analogía con Marx), de las formas históricas de las sociedades democráticas de plegar y de plegarse sobre sí mismas, de instituirse y autoinstituirse en sus formas o estilos, de torsionar o distorsionar ese universo expresivo autoreflexivo y plural, indeterminado y siempre posible de ser reinterpretado, incluso bajo estilos o formas que socavan esa autoreflexividad, indeterminación y pluralidad, pero que no obstante no las suprimen (puesto que solo podrían hacerlo, en efecto, a costa de sentenciar la propia muerte de las democracias).

Ahora bien: como toda analogía, empero, esta tiene también sus limitaciones y obstáculos, sus problemas y dificultades. *Digo*: la analogía entre la concepción marxista de las crisis sistémicas del capitalismo y la idea de las mutaciones o transformaciones de las democracias como efecto recurrente de su falta de *arkhé* o esencia, de su materia amorfa e indeterminada. No solo porque, como bien sabemos, la primera tiene en la filosofía de Marx una matriz teleológica eminentemente heterogénea a cualquier vocación fenomenológica de la concepción de la historia, sino porque en los hechos la economía de esas crisis, cuya afinidad electiva, insisto, con las metamorfosis –"las crisis"– de las democracias es sin dudas más que productiva, es al mismo tiempo bien distinta que la desplegada por la experiencia histórica de estas últimas. En efecto, para Marx esa economía se caracteriza, en las crisis recurrentes del capitalismo, por el juego pendular, dialéctico, entre períodos de acumulación relativa de valor y su consiguiente destrucción, esto es como mecanismo de *superación* de aquellas. De allí, de hecho, que estas actúen como su instancia intrínseca, como vía de recomposición y reinicio de los ciclos de producción y expansión del capital: al crecimiento relativo de maquinaria, medios de producción y tecnología en la composición de este último, crecimiento propio de la revolución permanente de sus propias fuerzas productivas, le sigue esa necesaria e inevitable destrucción de valor que generan las crisis como producto de esa dinámica en la que se encuentra inscripta la relación entre las primeras, las fuerzas productivas, y las relaciones de producción: solo destruyendo valor es posible volver a acumularlo cuando la propia fuente de valor, la fuerza de trabajo, es desplazada lenta pero consistentemente de los procesos productivos (desplazamiento cuya ley conocemos, en la teoría marxista, como la ley que responde a la tendencia decreciente de la tasa de ganancia). En nuestro caso, en el caso de la interpretación de las mutaciones y transformaciones ("crisis") de las democracias, en cambio, no se trata, en primer lugar, de comprender a estas últimas bajo la economía o el juego dialéctico de la acumulación, la destrucción y la superación (o recomposición del sistema). Se trata, por el contrario, de concebirlas bajo la matriz del movimiento hiperdialéctico (y ya no solo dialéctico, en efecto) de la materia que las compone: la carne de la que somos parte. Muy rápidamente, puesto que volveré sobre ello a lo largo de las páginas que siguen, ese movimiento hiperdialéctico y autoreflexivo a partir del cual es posible comprender, por ende, no ya solo y únicamente esas transformaciones o mutaciones como crisis, puesto que en algún punto lo son, sino ante todo como pliegues de esa materia, de esa carne. Como, en efecto, la carne que nos constituye como organismos vivos, como seres vivientes, la materia carnal de la democracia está compuesta, y su relieve se compone, de surcos, de torsiones, de texturas y volúmenes, de densidades bien distintas, heterogéneas, pero decisivas en cuanto a su expresión *como* materia. No hay, en sentido estricto, ninguna teleología o principio que, en consecuencia, dicte las maneras de ser, *los diferentes estilos* de esta. Como así tampoco hay, y esto es también decisivo, transparencia o inmediatez de ella consigo misma: los pliegues o torsiones que la configuran nunca pueden tocarse entre sí, de ambos lados del pliegue, plenamente: de allí que, en buena medida y "mal" parafraseando la célebre frase del gran dirigente político argentino de mediados y fines del siglo XX, Leandro N. Alem, los pliegues o torsiones históricas de las democracias contemporáneas permiten que estas se doblen *pero que no se rompan*. Lo que no supone, desde luego, que no puedan romperse *efectivamente*, puesto que de hecho se han roto más de una vez a lo largo de las últimas décadas en distintos países, sino que su elasticidad como estilo de ser de la carne de las sociedades actuales sea muchas veces incomprendida o mal comprendida como crisis, en el sentido tradicional del término.

A lo largo del texto exploraré, entonces, cuatro pliegues que –creo– caracterizan las transformaciones más importantes de las democracias desde la Revolución Francesa en adelante. En primer lugar, me detendré en aquel pliegue o torsión que instituye a la democracia como tal, su universo expresivo y, sobre todo, su estela como tradición o *Stifung* singular de la política: el que, justamente, nace con la revolución en Francia contra las monarquías absolutistas (monarquías que, siguiendo la terminología sobre los horizontes políticos de Martín Plot, bien podríamos denominar el pliegue teológico-político de la política). Esta tradición o *Stifung* tiene su génesis o su "origen", como veremos, en el texto de la primera Declaración de los Derechos Humanos (en el sentido fenomenológico de la palabra). Rápidamente, no obstante, corroído y transformado en otro estilo o pliegue de la política, con el período de El Terror y la dictadura jacobina, sus huellas perduran hasta nuestros días.

En segundo lugar, describiré el que constituye el pliegue o torsión ética de la democracia, o de la *Stifung* democrática: aquel cuyo auge tuvo lugar en la década del '90 y la primera década de los 2000, y cuya expresión más cabal fue la denominada guerra contra el terrorismo llevada a cabo por Estados Unidos y buena parte de las potencias más importantes del mundo. El pliegue ético de la democracia, que satura la indeterminación y pluralidad del universo expresivo de los derechos humanos, no deja, sin embargo, de ser un pliegue al interior de este, y por ende de auto percibirse como garante de aquellos. De allí, por caso, la vocación siempre trunca de dichas potencias de velar "por los derechos humanos" de aquellos países que no pueden hacerlo ellos mismos o, peor aun, de invocar la guerra para imponerlos en el resto del mundo como si su imposición fuera posible sin traicionar sus propios principios. Este pliegue, empero, no solo alimentó las formas más antidemocráticas y estancas de la *Stifung* democrática en el último tiempo sino que, en rigor, organizó en buena medida el universo expresivo en el interior de esas democracias, marcando o imponiendo un estilo único.

En tercer lugar, desarrollaré el advenimiento contemporáneo del pliegue teológico político de las democracias en América Latina, cuyo fenómeno político conocemos con el nombre de populismos, en especial de los populismos clásicos como el peronismo en Argentina. Ello por distintas razones: por un lado porque ese desarrollo nos permitirá comprender no solo los efectos de dicho pliegue en las democracias actuales en los países latinos, cuyo reverso son, en buena medida, las expresiones políticas antipopulistas (como el antiperonismo en Argentina, en efecto, cuyos sedimentos éticos, provenientes de la *Stifung* liberal autoritaria en este último caso, perduran hasta nuestros días). Por otro lado, porque el contraste entre el antagonismo o el conflicto político populista y el jacobino, herederos ambos de la tradición democrática de la política, me permitirá avanzar hacia el pliegue estrictamente contemporáneo de nuestra vida democrática: el que conforman los fascismos aspiracionales que distinguen a los nuevos estilos de liderazgos (Trump, Bolsonaro, etc.), cuya economía expresiva es heredera de la polarización política típicamente jacobina.

Como bien sabemos, los desafíos de las democracias en la actualidad son tan diversos y heterogéneos como urgente su consideración y puesta en sentido: la brecha social o la desigualdad entre las democracias más ricas y pobres, y su reproducción en el interior de estas, es acuciante; las amenazas al pluralismo y a la diversidad son cada vez más explícitas y groseras; la distancia entre el Estado (o la política, en sentido restringido) y la sociedad (o la sociedad civil), lo que los politólogos denominan crisis de representación, se ensancha o se agranda sin encontrar, por ahora, límites concretos. Este libro se propone, en este punto, hacer frente a esos desafíos desde una perspectiva teórico política capaz de comprender la profundidad y la complejidad de eso que uno de los filósofos políticos más importante del siglo pasado, Claude Lefort, denominó la aventura democrática. Esta aventura, como toda aventura tiene idas y vueltas, ritmos y pulsos, velocidades y dinámicas distintas. Lo que no implica, desde luego, sucumbir ante esa complejidad a todas luces cierta. Por el contrario: involucra asumirla para comprenderla en todo su rigor y vigor. Ese rigor y vigor son, por ende, los que guían las páginas que siguen. No obstante, ni el primero ni el segundo nos abrirá el camino a ninguna certeza inmutable, duradera o ahistórica. Puesto que la formulación de hipótesis certeras, duraderas, inmutables o ahistóricas son, como nos enseña la fenomenología, en sí mismas imposibles y, sobre todo, antidemocráticas y poco plurales. El peligro más importante que, creo, acecha a nuestras democracias contemporáneas son mucho menos los gestos grandilocuentes, la verba desmedida, el universo expresivo, en fin, que asoma como el nuevo pliegue de estas últimas, los estilos jacobinos de las nuevas derechas y los dirigentes antisistema, la polarización política, en última instancia, sino, justamente, su abordaje y su enfrentamiento por fuera del horizonte que los cubre y del cual son su emergente: el de la democracia y los derechos humanos. La incertidumbre radical y la apertura intrínseca a la que nos empuja la *Stifung* democrática como forma de vida colectiva nos obliga a un desafío mayor que cualquier otro conocido hasta el momento bajo el mote de crisis (de representación, de sentido, o cualquiera sea el adjetivo que la califique): el de asumir esa incertidumbre radical y apertura intrínseca en todas sus aristas. Incluso, y en mayor medida, justo ahí donde los nuevos fenómenos políticos, como los que alimentan la exacerbación del conflicto, la polarización y los liderazgos radicales, se producen. Para volver una vez más a la "paráfrasis" de la célebre frase de Alem, si la democracia puede doblarse sin romperse (necesariamente), resulta vital explorar, hoy más que nunca, la profundidad y la fisonomía de las torsiones que la constituyen. Es hora, y esta es la invitación que se propone hacer este texto, tomarnos en serio y sin prejuicios los pliegues que la configuran. Al menos, insisto, si queremos evitar su ruptura.

CAPÍTULO I

Expresión y estilo.
Sobre el pliegue de la política[2]

¿Qué es la expresión? La pregunta puede sin dudas conducirnos a diferentes equívocos o, al menos, a varios malentendidos. El primero y más elemental es aquel que postula o concibe a esta última como una instancia derivada, secundaria o incluso como una herramienta externa al lenguaje. Así, y (re)componiendo los trazos de esta idea, insisto, equivocada y bastante alejada de la realidad de la expresión, en el sentido fenomenológico o, mejor aun, merleau-pontyano del término –volveremos enseguida sobre esto–, toda operación expresiva aparece y se vislumbra como un efecto (derivado o secundario) del uso del lenguaje pero, fundamentalmente, y como mencionaba al inicio, del lenguaje mismo. Decir el lenguaje mismo es, como bien sabemos, no solo referirnos al lenguaje como sistema de códigos o diferencias, como diría Saussure, que permite, digámoslo provisoriamente, *representarnos* el mundo. Desde hace un buen tiempo, como solía ponerlo Derrida al inicio de ese magnífico libro que es *De la gramatología,* por lenguaje (y por extensión por escritura) entendemos mucho más que eso que el lingüista suizo, o precisamente en virtud de este último, entendía como

---

2. Todas las citas hechas de aquí en adelante corresponden a los textos originales en francés de Merleau-Ponty (MP) y Lefort, y las traducciones correspondientes son mías.

sistema de códigos o diferencias que contribuyen a la representación del mundo dotándolo de sentido. La idea de concepto, la idea de pensamiento, la idea misma de idea, o incluso la idea de sentido son hoy, después de eso que llamamos giro lingüístico, entendidas también como lenguaje porque, desde esta perspectiva, no hay idea, concepto, pensamiento o sentido sin lenguaje, o viceversa. Si *nada* hay fuera del texto, como le gustaba justamente decir a Derrida, es, en buena medida, porque *nada* hay fuera del lenguaje o del sentido.

De este modo, y volviendo un poco al argumento del inicio, en esta compleja red de conceptualizaciones y movimientos históricos e intelectuales que la circundaron y la circundan, la expresión se revela, decía, como secundaria o derivada del lenguaje o, insisto, del sentido.[3] Si hay expresión es porque algo *ya fue* percibido y comprendido en su sentido, precisamente, antes de ser expresado, justamente, como algo *distinto* a lo percibido o, mejor aun, a lo pensado o ideado en el interior de uno mismo a partir del lenguaje, sea cual fuere su condición geográfica, es decir sea cual fuere el idioma que hablemos y con el cual digamos o *expresemos* eso que, con el lenguaje, logramos darle sentido y transformarlo en pensamiento, idea, concepto o lo que sea. Podemos, para ponerlo de otro modo, decirlo de la siguiente manera: una cosa es, siguiendo esta perspectiva, el pensamiento, las ideas, los conceptos y el lenguaje con el que le damos forma a estos últimos, y otra cosa muy distinta es la expresión como *medio* de hacer comunicar esos pensamientos, ideas o conceptos, y por ende como medio del lenguaje para transmitir, finalmente, lo que transmitimos con este último: esas ideas, pensamientos, conceptos, etc. Así, lenguaje (ideas, pensamientos y conceptos) ocupan claramente un lugar, digamos ontológico, distinto al de la expresión, al del estilo, que apenas si sirve(n) como *auxiliar* del

---

3. Con la frase "esta compleja red de conceptualizaciones y movimientos históricos e intelectuales" me refiero no solo al giro lingüístico, a Derrida y al posestructuralismo, sino también a la lingüística moderna (volveremos más adelante sobre esto). Para un acercamiento más acabado a esta consideración a propósito de la filosofía de Derrida, me permito remitir a mi libro *Politique de l'écriture* (Paris, L'Harmattan, 2018).

primero, esto es, para darle forma al objeto sobre el cual se posa y lo presenta, comunica y exterioriza a otro y al mundo.

Ahora bien, una verdadera concepción de la expresión, y del estilo, va de suyo, es decir una concepción fenomenológica de ambas, implica en primer lugar deshacerse de este lugar común con el cual, no solo el uso corriente, sino también el uso filosófico, hace de estos. En primer término, entonces, sugiero que esta verdadera concepción de la expresión y del estilo, verdadera no porque porte o diga la verdad sobre ambos fenómenos sino, en todo caso, porque va hacia sus raíces fenomenológicas, se encuentra, como ya dije, en el pensamiento de ese gran filósofo de mediados del siglo XX, injustamente relegado, dicho sea de paso, a los márgenes de la reflexión y la filosofía actual, que fue (es) Maurice Merleau-Ponty.[4] Habría, sin embargo, que aclarar con mayor precisión, para evitar justamente distintos equívocos, los bordes y los alcances de esta concepción, sobre la que volveré enseguida. Como bien sabemos, Merleau-Ponty es, probablemente, mucho más conocido por su labor como filósofo de la percepción que como filósofo de la expresión o del estilo. Bastaría, por caso, citar su más célebre y clásico texto, su *Fenomenología de la percepción,* de mediados de los '40. Esta etiqueta con la que frecuentemente se describe su pensamiento no es, no obstante, de ningún modo errada o sesgada. El problema de la percepción es sin dudas, y aún lo sigue siendo cuando comienza a elaborar lo que podríamos llamar su teoría de la expresión o del estilo, el problema central y más acuciante que los textos del filósofo francés revelan y del que, en efecto, dan cuenta. De allí, por supuesto, su mote, bien puesto, de fenomenólogo. Empero, en los últimos años de su vida, y como bien señala Lefort,[5] discípulo y amigo del primero, la preocupación por definir, y sobre todo por comprender, el fenómeno de la expresión y del estilo aparece como su más importante tema de reflexión, lo que no significa, en

---

4. Contra este relegamiento, y a favor de la vigencia de su pensamiento, es que Claude Lefort escribe ese conjunto de ensayos incluidos en su texto titulado, no casualmente: *Sur un colonne absente. Écrits sur Merleau-Ponty.*

5. Lefort, Claude: "Présentation", en Maurice Merleau-Ponty; *Œuvres,* Paris, Gallimard, 2010, pp. 1425-1434.

absoluto, una discontinuidad con su tema u objeto anterior: el de la percepción. Así y como, insisto, señala el propio Lefort, la trayectoria de su pensamiento podría describirse muy bien como una que va de la teoría de la percepción a la teoría de la expresión sin dejar, por supuesto, nunca de lado la primera sino, en todo caso, abrevando sobre ésta para elaborar la segunda. Ya en su ensayo publicado en 1952 en *Les Temps modernes*: *El lenguaje indirecto y las voces del silencio* (reelaborado y retomado después en *Signos* y *La prosa del mundo*), por ejemplo, Merleau Ponty anticipaba esta trayectoria en todas sus aristas: "percibir –escribe– es ya estilizar",[6] porque toda percepción está ya siempre atravesada por un estilo. Los grandes libros en los que el autor intenta su mayor esfuerzo por elaborar esta teoría, aunque como veremos enseguida este esfuerzo podía ya verse en sus ensayos anteriores, son, no casualmente, dos de sus libros más importantes: *La prosa del mundo* y *Lo visible y lo invisible,* publicados después de su muerte e inacabados o nunca terminados y completados como tales (labor, esta última, que fue realizada por el ya mencionado Lefort). Lo que no deja de brindarnos, no obstante, lecturas que permitan, al menos, *leer*, en su sentido fuerte, esos textos para buscar allí esta valiosa concepción de la expresión o del estilo.

Lejos, entonces, de esta idea que reduce el fenómeno de la expresión o del estilo a una instancia derivada o secundaria en relación con el lenguaje, con el mundo del pensamiento o del sentido, Merleau-Ponty plantea que ambos son el terreno mismo de constitución de estos últimos. No hay, estrictamente hablando, idea, pensamiento o concepto que no esté *ya siempre* atravesado por una determinada manera de percibir a los objetos y, por ende, de expresarlos *como* pensamientos, ideas o conceptos. Lo que muestra, en primer lugar, la relación íntima y profunda que, como dije, existe entre la idea de la percepción y la idea la de expresión que el filósofo francés promueve y desarrolla a lo largo de su obra. O, para decirlo de otro modo, si toda percepción se encuentra ya siempre en su "origen" estilizada por una determinada manera de percibir lo que percibimos, toda operación expresiva no deja

---

6. Merleau-Ponty, Maurice: *La prosa del mundo,* Madrid, Trotta, 2015, p. 70.

LOS PLIEGUES DE LA DEMOCRACIA

nunca, al mismo tiempo, de ser una operación perceptiva en la medida en que opera en ese registro de las apariencias, o de lo que simplemente aparece, que por supuesto no es de ningún modo una máscara o una instancia, nuevamente, derivada con respecto a lo real o a lo que "acontece". En segundo lugar, aunque no menos importante, es que esta concepción *fenomenológica* de la expresión o del estilo le otorga a estos últimos un lugar decisivo en la configuración misma de nuestro mundo. *La prosa del mundo*, el título de ese libro inacabado publicado póstumamente que mencionaba es, de hecho, una fórmula que sintetiza muy bien esto mismo. El mundo no está hecho de cosas sino, antes bien, de operaciones expresivas que hacen a las cosas que percibimos, que se anudan *con* lo percibido dándole un estilo. El estilo o la expresión es, así, e insisto, el terreno primario u, ontológicamente hablando, pertenece al ámbito del ser del mundo. Las cosas, dicho de otro modo, son expresadas no porque existan antes de esa expresión sino porque esta última es la instancia misma de su configuración como *cosa percibida*.

Es precisamente en paralelo al desarrollo de esta teoría o concepción de la expresión o del estilo que Merleau-Ponty desarrolla, también en la etapa tardía de su pensamiento, sobre todo en *Lo visible y lo invisible*, el concepto de la carne (*chair*) como categoría central de su reflexión filosófica. Si la idea de cuerpo fue el principal concepto que acompañó a su teoría de la percepción en su primera etapa, el de la carne es el que refleja sus mayores esfuerzos por desarrollar lo que prontamente se va a convertir en esta novedosa y productiva teoría de la expresión o del estilo. Este concepto, de hecho, muestra de diferentes maneras y a través de diferentes vías la conexión y, al mismo tiempo, el *contorno* que le proporciona al filósofo francés para desplegar aquella. En primer lugar, entonces, para Merleau-Ponty la categoría de la carne viene a romper, filosóficamente, con las dicotomías propias y características de su época (desde el empirismo hasta el trascendentalismo de Kant). Primero y fundamentalmente, por ende, rompe con la dicotomía que separa al objeto del sujeto como cosas distintas que, según la tradición filosófica de la que hablemos, termina por supuesto privilegiando a alguna de las dos instancias: ya sea porque reducen el conocimiento del sujeto a la imposibilidad de conocer al objeto en sí (Kant podría, sin lugar a dudas, incluirse en esta concepción o perspectiva) privilegiando así al sujeto que es en última instancia el que se encuentra condicionado por las "estructuras" a priori para poder conocerlo, y para poder conocerlo no mucho más allá de esas estructuran que posibilitan al fenómeno mismo de su conocimiento, o fenomenológicamente hablando de su percepción, o bien porque reducen el sujeto al objeto haciendo de la experiencia la verdadera fuente de conocimiento o del fenómeno perceptivo (el empirismo, dicho sea de paso, bien podría caber dentro de esta segunda idea). En cualquier caso –decía– Merleau-Ponty viene a plantear una fuerte ruptura con esta dicotomía a través del concepto de la carne, porque tanto objeto como sujeto son parte del mismo elemento: son carne o, mejor aun, *carne de la carne*. Un elemento es, en el estricto sentido en el que lo toma el filósofo francés, a propósito de la categoría de elemento de los griegos (que hace referencia al agua, al aire, al fuego y a la tierra como elementos), la carne es así un elemento en el sentido de que es una "cosa general… una suerte de principio encarnado que implica un *estilo del ser*, donde quiera que haya un pedazo del ser".[7] Tanto el sujeto como el objeto, puesto de otro modo, tanto el mundo como los individuos que lo percibimos, estamos hechos de la misma materia carnal, enlazados bajo la forma de un quiasma que, al mismo tiempo, nos separa pero que de ningún modo nos vuelve absolutamente heterogéneos porque, en tanto sujetos que percibimos, estamos inscriptos en el mundo y, sobre todo, en la percepción a través del cual se nos *expresa* este último.

Lo que mejor sintetiza esta forma quiasmática de la carne que constituye nuestros cuerpos y el (vínculo con el) mundo del cual estos últimos son carne de esa carne, es el célebre ejemplo, o experiencia, que define la propia relación con nuestro cuerpo o, más sintéticamente, la simple acción de tocar: si tocamos nuestra mano derecha –sostiene Merleau-Ponty en *Lo visible y lo invisible*– con nuestra mano izquierda, podemos sentir a la primera siendo

---

7. Merleau-Ponty, Maurice: *Lo visible y lo invisible,* Buenos Aires, Nueva Visión, 2010, p. 127. Traducción levemente modificada. Cf. Merleau-Ponty, Maurice: *Œuvres*, Paris, Gallimard, 2010.

tocada, volviéndose objeto, es decir "descendiendo al mundo de las cosas",[8] siendo por ende algo tocado y no una mano que es parte de mi cuerpo. El ejemplo es elocuente, entonces, porque muestra, justamente, la indistinción o más bien la imposibilidad que en la simple acción del tocar existe al interior mismo del sujeto que toca y, más ampliamente, del sujeto en general en términos de la diferencia entre sujeto y objeto: la mano tocada, la mano derecha, *desciende* al mundo de las cosas al ser tocada por la mano izquierda sin dejar nunca de ser, sin embargo, la mano de un cuerpo, esto es de *un sujeto*. Ahora bien: en buena medida lo que también define muy bien esta forma quiasmática de la materia carnal que compone al mundo, a nosotros mismos y, fundamentalmente, al vínculo intersubjetivo entre los cuerpos, y entre estos con el mundo, es lo que el filósofo francés llama la reversibilidad de esta forma quiasmática y, más particularmente, de la carne como el elemento del que estamos hechos, también ambos. Con el concepto de reversibilidad, y he aquí en buena parte la importancia de esta categoría para comprender el fenómeno de la expresión o del estilo –enseguida volveremos sobre esto–, Merleau-Ponty hace referencia a la imposibilidad de hacer coincidir en algún momento los dos momentos o las dos caras que nos componen como seres de dos caras, o dos facetas, como sujetos *y* objetos, como cuerpos *y* mundo, y por lo tanto a lo que es mundo de lo que no lo es, a lo que es objeto de lo que es sujeto, al sujeto del mundo. Y ello en virtud de la característica fundamental que define esta reversibilidad: la de la imposibilidad –decía– de hacer coincidir ambas caras o facetas de nuestro cuerpo. Siguiendo con el ejemplo que el propio Merleau-Ponty elabora en el ensayo que mencionaba, esta coincidencia nunca se realiza *de hecho* porque nunca podríamos ser *solo* objetos o *solo* sujetos: si bien mi mano izquierda puede tocar la derecha mientras toca las cosas, "jamás arribo a la coincidencia" de sentir que toco a esta última mientras esta última es tocada, pues al momento de producirse esa coincidencia, esta reversibilidad en forma total o completa, "ella se eclipse...: *o verdaderamente mi mano derecha pasa al rango de tocada*, pero entonces su 'toma'

---

8. Ibid., p. 128

del mundo se interrumpe, o bien ella la conserva, *pero entonces no la toco verdaderamente*".[9]

En buena parte –decía– la importancia de esta categoría, la de la reversibilidad, siempre incompleta o fallida, del elemento del que estamos hechos, de nuestra carne, y del concepto mismo de la carne, son decisivas, insisto, para comprender la concepción o la teoría de la expresión o del estilo en Merleau-Ponty, por diferentes motivos. En primer lugar porque, y comienzo por el final del argumento, esta imposible reversibilidad de nuestra carne es lo que abre la posibilidad misma de la expresión como fenómeno multiperspectivo, y por ende como fenómeno que nunca puede ser capturado por una misma operación perceptiva. Si toda percepción es ya siempre una operación expresiva, si toda percepción está ya siempre estilizada desde "su origen", al mismo tiempo toda operación expresiva es una operación singular y, con ello, *solo un estilo* de percibir el mundo y a nosotros mismos. Nadie puede agotar, dicho de otro modo, el sentido con el que dotamos *de prosa* al mundo porque nadie puede ser totalmente heterogéneo a esa prosa que se extiende como carne de nuestros cuerpos y como carne del mundo. El fenómeno de la percepción es así, siempre, un fenómeno de alcances expresivos siempre infinitos y la expresión, por ende, no dice nunca la verdad del mundo, o de nosotros mismos, sino que solo alcanza a decir lo que "reflejamos" del mundo cuando, al mismo tiempo que nos reflejamos en él y esa inscripción vuelve bajo la forma de lo que percibimos, *lo percibimos*. Si la mano derecha alcanzara a tocar a la mano izquierda, para retomar el ejemplo del párrafo precedente, sintiéndose mano que toca y mano que es al mismo tiempo tocada, entonces esta apertura radical de la que estamos hechos, en tanto seres carnales, quedaría obturada por la posibilidad de un ser que no es del todo carne del mundo o cuyo mundo no es del todo su propia carne. He aquí, en suma, el primer punto decisivo de la teoría de la expresión o del estilo del pensamiento tardío de Merleau-Ponty: no hay expresiones, en el sentido fenomenológico de la palabra, insisto, equivocadas o verdaderas porque lo que es verdad o lo que es equívoco es en sí mismo una operación

---

9. Ibid. El resaltado es mío.

expresiva, una percepción estilizada del mundo que, no solo forma parte de este último, porque la mirada, cualquier mirada, está ya siempre en el campo de visión del que mira, sino porque, a su vez, o en virtud de esto último, nadie puede mirar desde un lugar que no sea *ya* un lugar, un sitio, encarnado en el mundo del que él es, por tanto, su propia carne o sustancia.

En segundo lugar, y para retomar el argumento del inicio, el concepto mismo de la carne abre la reflexión de Merleau-Ponty a una concepción de la expresión que derriba o deshace la idea que hace de esta última una instancia derivada o secundaria con respecto al lenguaje. La pregunta que, por ende, resulta en esta instancia crítica es la siguiente: ¿a qué se refiere, en rigor, Merleau-Ponty cuando habla de la carne como elemento, como *estilo del ser*, como la sustancia de la que estamos hechos sujeto y objeto, individuo y mundo? ¿No somos, acaso, *realmente* seres de carne (y hueso)? ¿No es, al fin y al cabo, la carne, en su sentido literal, la materia que compone nuestros cuerpos? Si nos detenemos por un momento en este sentido literal de la palabra podemos comprender rápidamente su sentido filosófico o teórico o, mejor aun, fenomenológico. Literalmente, entonces, la carne es tejido animal, músculos, cuya superficie está formada por diferentes texturas y pliegues, pequeños surcos y hendijas que la recorren y la caracterizan. Estas hendijas, estos pliegues y estas texturas que *le dan forma* a la carne no son, de ningún modo, colaterales a ella: no solo porque tienen, efectivamente, una productividad orgánica específica que le permiten *ser* músculos, tejido blando y *plegable*, capaz de agrandarse y achicarse, darle volumen o afinarse, sino que, además y fundamentalmente, le dan, insisto, su forma característica: la textura *y los pliegues*, sus surcos, *son* finalmente la carne y no solo su superficie. El paralelismo sería una buena metáfora si no fuera, justamente, porque no solo es un paralelismo. En varios de sus ensayos, principalmente en "El lenguaje indirecto y las voces del silencio", Merleau-Ponty se refiere al lenguaje para aludir al concepto de la carne. La carne, la sustancia de la que estamos hechos en tanto seres de dos caras o facetas, tocantes y seres que tocamos, visibles y videntes, objeto y sujeto, mundo e individuos de ese mundo, es, entonces y *en una primera aproximación*, el lenguaje con el que dotamos de sentido al mundo y a nosotros mismos y, por tanto, la sustancia de la que está hecho el vínculo quiasmático que nos une intersubjetivamente. Sin embargo, esta primera aproximación puede hacernos caer en un equívoco si creemos que esa sola definición alcanza para comprender cabalmente su teoría de la expresión y, al mismo tiempo, el papel que aquel concepto juega en ese vínculo intersubjetivo. Porque, y esto es en buena medida uno de los argumentos centrales del autor de *Las aventuras de la dialéctica*, el lenguaje por sí solo, en tanto sistema de códigos, como la materia significante y significada, y estilizada, va de suyo, de nuestra percepción, no es nunca, ni podría ser jamás, *solo* lenguaje, *solo* sentido, *solo y únicamente* relación entre significante y significado. No hay, no existe, lenguaje puro, lenguaje *sin* expresión, esto es lenguaje que no tenga, o que no posea o presente, en la temporalidad de su existencia *como* carne, *pliegues*, texturas, surcos. Estos últimos son, en efecto, los que configuran la expresión con la que dotamos de sentido al mundo, los que hacen del lenguaje *carne* y no solo, y simplemente, sistema de códigos o diferencias. La expresión, dicho de otro modo, es el acto perceptivo a través del cual plegamos el lenguaje sobre el lenguaje, lo dotamos de surcos y de pliegues que configuran las diferentes perspectivas, expresiones, insisto, por medio de las cuales hacemos lugar, por ende, al fenómeno de la percepción, es decir, percibimos. Toda operación perceptiva lleva siempre consigo una operación expresiva, entonces, porque lleva siempre consigo *una determinada manera de plegar*, de surcar o de perforar el lenguaje y, así, configurar una determinada percepción del mundo.

Así entendida, la categoría de expresión, o *el fenómeno* de la expresión, nos conduce a otro de los conceptos claves de Merleau-Ponty para entender este último: la idea o la categoría de institución, que el autor desarrolla fundamentalmente en los cursos que, entre 1954-1955, imparte en el Collège de France. Influenciado fuertemente por el pensamiento de Husserl, una influencia que, por otro lado, marcó la reflexión merleau-pontyana desde el inicio, y continuó, en efecto, siendo decisiva durante toda su vida, la idea de institución –decía– es heredera de la noción husserliana de *Stifung*. Con esta, en primer lugar, Merleau-Ponty intenta dar cuenta del carácter nuevo y acontecimental de todo fenómeno expresivo, sea este individual o colectivo.[10] La expresión es siempre del orden de lo nuevo, *instituye* siempre una nueva modalidad, tonalidad o modulación del sentido, le da una textura única y abre, así, al lenguaje a una nueva forma del lenguaje, a un nuevo pliegue de este sobre sí mismo. Cada acto expresivo tiene este carácter ineludible de lo nuevo porque no existe acto expresivo que, insisto, sea individual o colectivo, no tenga o no produzca algún tipo de surco o hendija que el *uso* del lenguaje o que el sentido mismo haya producido como una nueva hendija o surco. Sin embargo, este carácter nuevo o inédito que conlleva toda operación expresiva es, al mismo tiempo, reactivadora de sedimentos expresivos que, nuevamente, ya sean individuales o colectivos, existen desde antes del sentido que esta inaugura. La temporalidad de la expresión es así una temporalidad que no deja nunca de pertenecer al orden de lo nuevo y, al mismo tiempo, de lo viejo. Es, en otras palabras, una temporalidad mixta, una promesa de acontecimientos y la existencia de acontecimientos pasados (expresiones) que vuelven a depositarse de un modo distinto en el presente *vivo* de lo que se está expresando. La relación entre lo instituido y lo instituyente, si bien no desaparece del todo cuando hablamos de los fenómenos expresivos, al menos se complejiza y pierde fuerza la distinción tajante que suele hacerse entre ambos términos. Siguiendo la matriz teórica de Husserl y del concepto de *Stifung*, los actos expresivos que dotan de sentido al mundo y estilizan nuestra percepción sobre este, los otros y nosotros mismos, se inserta o se inscribe siempre, así, en una determinada tradición, en un pasado, en una historia que, de algún modo, se hace presente en esta nueva modalidad o *pliegue* del sentido. Pero, al mismo tiempo, este hacerse presente de lo viejo, esta historia o, mejor aun, la tradición que alimenta la inauguración aconte-cimental del fenómeno de la expresión, tiene o posee también, y muy fundamentalmente, algo que escapa a esa tradición o a esa historia, abriendo así el horizonte de lo que puede ser percibido, es decir, de la percepción misma.

---

10. Volveremos sobre este punto, sobre la distinción entre la expresión como fenómeno individual y/o colectivo, en las siguientes líneas y, más deteni-damente, en el próximo capítulo. Por el momento, solo basta con indicar que esta distinción es, en rigor, solo analítica.

No es casual, en efecto, que Merleau-Ponty se esfuerce, una y otra vez en sus distintos ensayos, sin importar, en este punto, el momento de su pensamiento al que estos pertenecen, en comparar continuamente la historia de la pintura con la historia del lenguaje (que, por las razones que veremos en el capítulo siguiente, también encuentra en ese vínculo un terreno fértil para pensar el fenómeno de la expresión en toda su dimensión política). Por un lado, Merleau-Ponty reniega, en este punto, de la idea husserliana de una gramática universal que pueda ser capaz de capturar o agotar la variedad y las diferentes formas "realmente existentes" del lenguaje (de los idiomas o, mejor aun, de la expresión), es decir la idea de un lenguaje universal capaz de decir *la verdad* del lenguaje. Por otro lado, reniega también de la idea de una historia universal de la pintura, que subyacería a esta última, y que pueda ser descrita y delimitada en sus contornos como sucede con la disposición de las obras en los museos o en las muestras de arte. No hay, pues, tal cosa; no existe, pues, *verdad* u orden universal del lenguaje como tampoco existe verdad u orden universal de la pintura porque ningún pintor ni ningún hablante, ningún ser vivo, y por ende ningún *ser expresivo* puede recoger esa verdad u orden universal que subyacería a las operaciones expresivas que, tanto el lenguaje hablado o escrito como el lenguaje pictórico, vendrían, justamente, a expresar. Muy por el contrario: lo que en ambos casos se trasluce, en el caso particular de los individuos que continuamente ponemos en juego distintas operaciones expresivas que dotan de prosa al mundo, al igual que el pintor, que del mismo modo realiza esas mismas operaciones plegando el lenguaje de los colores y los trazos de sus dibujos sobre el lienzo que pinta, es la relación o el vínculo o, mejor aun, la condición hiperdialéctica, para recuperar uno de los conceptos más importantes del fenomenólogo francés, que caracteriza y define la expresión como fenómeno que hace de lo instituyente y lo instituido, de lo viejo y de lo nuevo, un nueva relación o vínculo, es decir, una relación circular, hiperdialéctica, insisto, que reactiva los sedimentos de lo viejo sin dejar nunca de convertirlos en algo nuevo: el pintor –sostiene Merleau-Ponty en *La prosa del mundo*– empuja siempre más allá el mismo surco ya esbozado en el mundo *tal como él lo ve*, en sus propias obras precedentes o en las del pasado, (vuelve) a tomar y generalizar ese acento que había aparecido en el rincón de un cuadro anterior, (convierte) en institución una costumbre ya instaurada sin que el propio pintor pueda decir nunca –porque tal cosa carece de sentido– lo que es suyo de lo que procede de las cosas, lo que estaba ya en sus cuadros precedentes y lo que ahora añade, *lo que ha cogido de sus predecesores y lo que es suyo*. Este triple acto de recuperación, mediante el cual el artista continúa e interpreta en el tiempo que supera, *conserva al tiempo que destruye e interpreta al deformar*, es decir, infunde un sentido nuevo a lo que, sin embargo, estaba ya pidiendo y anticipando ese sentido, no es simplemente una metamorfosis a la manera de los cuentos de hadas, milagro o magia, violencia o agresión, creación absoluta en una soledad absoluta, sino también una respuesta a lo que el mundo, el pasado, las obras anteriores, le estaban pidiendo...[11]

Del mismo modo sucede, por supuesto, con la expresión oral o escrita, con las operaciones que hacemos cuando hablamos o cuando escribimos: estas son siempre operaciones expresivas que conservan al mismo tiempo que destruyen, que deforman al mismo tiempo que no dejan de hacer perdurar algo de eso que deforman pero que ya no es lo mismo, que infunden un nuevo sentido, anticipando algo que las expresiones pasadas, de su historia individual y/o colectiva, "le estaban pidiendo". En efecto, Merleau-Ponty llama a este movimiento hiperdialéctico de la expresión, que sin ir más lejos Lefort reconoce algunos años después en la fórmula de la dialéctica hegeliana (reformulada, desde luego, a partir del texto *Las aventuras de la dialéctica*) el movimiento "que la expresión consigue realizar, en el que salir de sí es simultáneamente un volver a sí"; este movimiento hiperdialéctico de la expresión, decía en síntesis, es lo Merleau-Ponty define como "deformación coherente", que "llega a expresar solo lo que para él (el pintor, el artista o el hablante) existía".[12]

---

11. Merleau-Ponty, Maurice: *La prosa del mundo,* Madrid, Trotta, 2015, p. 72.
12. Ibid.

En este sentido, la expresión es la conjunción entre la singularidad única de un quién, que lo revela y lo *distingue,* "una carne que está presente, con su vigor y con su debilidad, en su manera de andar y hasta en el choque del tacón del suelo" [13] de un cuerpo, y la anonimidad de una cultura, de muchos quienes o cuerpos que precedieron a ese quién, que de alguna u otra manera hacen posible el fenómeno mismo de la expresión y lo alimentan. Ni del todo individual ni del todo colectiva, aquella se juega, por ende, en esa indecibilidad o imposible distinción entre algo que existía y algo que todavía no tiene existencia, entre lo nuevo y lo viejo, como decía, pero, insisto, principalmente entre aquello que nos pertenece como acto individual de creación y aquello que no nos pertenece en tanto acto colectivo de creación, o como acto *venido de otro.* Y esta indecibilidad o imposible distinción, como recalca Merleau-Ponty, es no solo indecible o indistinguible para quien es *afectado* por esa expresión, sino también para quien la hace posible a través de su propia operación expresiva. No obstante, ella se hace ver y sentir o, mejor aun, *se percibe* en toda su dimensión, cuando alguien habla, escribe, pinta, o simplemente se expresa (lo que significa, en rigor, exactamente lo mismo). Es por ello que el fenómeno de la expresión mantiene un cierto misterio, *un cierto secreto* o una cierta opacidad que es inherente a ella porque es inherente a quien se expresa y es inherente a quien comprende lo expresado, a pesar de ser percibido en toda su dimensión como acto expresivo. Para el que pinta, habla o escribe muchas veces este misterio o secreto se revela en el decir mismo, en el pintar mismo, en el proceso a través del cual la expresión, en suma, se produce: puesto que no se revela, para ellos, jamás de antemano sino que se vuelve perceptible y existe a medida que se va construyendo (pintando, diciendo, escribiendo), es decir *durante* el proceso en el cual la operación expresiva *se está* configurando y la percepción se hace posible. Y en este proceso, está claro, nada queda claro –valga la redundancia– en torno a lo que se reactiva de lo viejo como nuevo, y a lo nuevo que reactiva sedimentos de lo viejo. Este misterio o este secreto está en el fondo de todo fenómeno expresivo convirtiéndolo en un hecho irreversible e

---

13. Ibid., p. 70.

inherentemente humano e intersubjetivo. Merleau-Ponty expresa muy bien esta conjunción entre lo viejo y lo nuevo, que es también la conjunción hiperdialéctica, circular, entre lo colectivo y lo individual, entre la singularidad y la presencia de lo que existe, sosteniendo que "la historia vive, por tanto, por entero en nosotros", porque es precisamente de "nuestro presente de donde saca la fuerza de volver a poner en presente todo el resto, el otro al que yo respeto y vive de mí como yo de él...". Así es, en efecto, como una Historia o Filosofía de la Historia, si existiera, debiera "añadir a mis obligaciones de solitario la de comprender otras situaciones distintas a la mía, de crear un camino entre mi querer y el de los otros, *lo que quiere decir expresarme*".[14]

Como vemos, la expresión, como fenómeno intersubjetivo, relacional, como carne de mi carne y como carne del mundo, es el terreno, digamos ontológico, *primordial* –aunque una verdadera ontología debería ser (re)formulada para pensar aquella (algo que, dicho sea de paso, precisamente Merleau-Ponty intento realizar en sus últimos años a través, justamente, de este concepto y de sus últimos textos inconclusos)– de constitución y de configuración del mundo. La expresión es, dicho de otro modo, el fenómeno mismo que hace posible nuestra percepción, lo percibido, que nos anuda y nos vincula con los otros individuos y con el mundo de una determinada manera, constituyendo una manera singular de *ser carne*, carne individual y, sobre todo, *carne de lo social*.[15] Sin embargo, no todo está dicho con estas líneas que apenas intentan esbozar o recuperar lo que el filósofo francés tuvo como vocación última: la elaboración de una teoría de la expresión o del estilo capaz de captar y capturar la totalidad de su pensamiento. Si bien es cierto que la expresión no es, como ya mencionamos, derivada del lenguaje, si bien es cierto que no hay lenguaje sin expresión, que el lenguaje es *siempre* expresión, que la expresión no es medio y que el lenguaje no traduce pensamientos o textos anteriores a la operación perceptiva que los expresa, lo cierto es que el vínculo entre lenguaje y expresión es lo suficientemente

---

14. Ibid.

15. Tomo esta expresión, originalmente formulada por Lefort y retrabajada en su libro *La carne de lo social*, de Martín Plot.

complejo como para hacer imposible su comprensión por fuera de su carácter (hiper)dialéctico. Es por ello que Merleau-Ponty refiere a ese vínculo a partir de la idea de que todo lenguaje es alusivo, indirecto (adjetivos que, de hecho, elige para titular uno de sus ensayos más importantes: el ya mencionado "El lenguaje indirecto y las voces del silencio") en la medida en que la expresión que *hace posible* el lenguaje y el sentido, es una especie de "humus significante", una especie de "espesor semántico" que es lo que rodea o, mejor aun, que lo constituye *como* lenguaje en el sentido de lengua hablada, escrita, enunciada, esto es: *viva, carne* que nos afirma en el mundo del cual somos, por supuesto, carne de *esa* carne. La idea, por ende, de una expresión primera o primordial, anterior o verdadera, es errada porque nada hay que no sea *ya* expresión, una determinada manera de *ser carne*. Sobre este "humus significante", sobre este "espesor semántico" que acompaña, *constituye*, el lenguaje y lo convierte siempre en lenguaje alusivo o indirecto, entonces, van a operar los actos expresivos que no solo la acción, en su sentido restringido (volveremos en breve sobre esto), de lo individuos en cualquiera de las facetas de su vida hace posible. Ya sea el pintor que pinta sobre el lienzo un cuadro llenándolo de trazos y colores como nunca antes nadie había llenado pero que, no obstante, tienen un pasado y una historia que los hacen posibles, un pasado y una historia sin los cuales, por otro lado, ningún trazo ni ningún color sobre ese lienzo hubiese sido pintado, y que permiten, dicho de otro modo, la emergencia misma de esa expresión artística, ya sea el escritor que escribe y hace de su obra o de su libro una particular mirada, *una particular percepción*, del mundo, que trabaja sobre las palabras para plegarlas y replegarlas de una manera que no es un medio de representación del mundo sino que configura esa percepción misma, otorgándole un estilo de percibir inédito, ya sea el actor político (en su sentido tradicional, como actor de la esfera estrictamente institucional de un sistema político o ya sea en su sentido más amplio como actor de la sociedad civil devenido "sujeto político") que, con su discurso y su acción en la esfera pública, realiza, como el escritor y el pintor, esa misma operación expresiva, modificando y reconfigurando ese humus significante o espesor semántico (ese pliegue) del sentido, cambiando con ello el sentido mismo de lo que dice, o mejor aun de lo que expresa, abriendo un horizonte perceptivo nuevo, distinto, como, insisto, lo hace el propio pintor o escritor que trabajan, respectivamente, sobre el lienzo y el papel de un texto, la expresión como fenómeno de apertura humana al mundo, a la percepción, compone el campo privilegiado de estudio y de reflexión de todo pensamiento cuya vocación no solo consista en pensar el arte sino también, y fundamentalmente, a la política entendiendo a esta última como *la instancia de la expresión,* justamente, que opera sobre las formas de percepción comunes o colectivas, plegándolas y replegándolas de una manera distinta. Ahora bien: la política entendida en este preciso sentido, como instancia de la expresión, insisto, no solo comprende, como decíamos más arriba, la acción, o las prácticas, en su sentido restringido, esto es a partir de la división entre prácticas lingüísticas y no lingüísticas, o de la oposición entre texto y práctica, por ejemplo. Los actos expresivos que pertenecen a la esfera de la política y que extienden los efectos de la expresión sobre las formas comunes o compartidas de la percepción comprenden, como veremos en el próximo capítulo, el universo expresivo que, como diría Merleau-Ponty, moldean *la prosa del mundo*: gestos, silencios, textos, prácticas, acciones, instituciones, etc. se relacionan, en suma, hiperdilécticamente en una dinámica sin principio ni final.

CAPÍTULO II

El pliegue democrático y los Derechos Humanos

La expresión tiene, plantea Merleau-Ponty una y otra vez a lo largo de varios de sus ensayos, que van no solo desde sus textos más tempranos, como en *La duda de Cézanne* o en los ya mencionados textos más tardíos e inconclusos como *La prosa del mundo* y *Lo visible y lo invisible*, tres campos privilegiados de acción: la pintura, la literatura o la escritura, y la política. Tres campos privilegiados de acción (o dos, simplemente: el arte y la política) porque en ellos los actos expresivos tienen efectos sociales profundos y duraderos. Y ello por las razones que, en buena medida, anticipamos ya en el capítulo precedente: porque tanto el arte como la política, esto es las operaciones expresivas que se realizan en la esfera artística y política, operan sobre el suelo común que sostiene nuestras formas compartidas de percibir, no solo a los otros sino, desde luego, al mundo del que participamos y somos parte con nuestra propia mirada o percepción. He aquí, por ende, una primera dimensión del fenómeno de la expresión en la concepción de Merleau-Ponty que escapa, como también en buena medida anticipamos en las líneas precedentes, a las concepciones más ordinarias o corrientes de la expresión: esta última no solo es una operación subjetiva, que pertenece a un individuo en particular (al pintor o al escritor, por ejemplo, al actor o al sujeto político, hacia allá vamos), que en gran parte se desprende de su subjetividad o de sus condiciones individuales de expresión (como bien podría ser la capacidad individual o lo que comúnmente llamamos el talento de aquellos) sino que, fundamentalmente, es una operación cuyo verdadero fundamento se asienta en la existencia de un Otro, o de otros, que le dan a esta operación su real existencia o dimensión: "es en los demás –sostiene el filósofo francés en *La prosa del mundo*– donde la expresión *cobra relieve* y se hace verdaderamente significado". Cuando hablamos, por lo tanto, del fenómeno de la expresión como fenómeno perceptivo y, fundamentalmente, *intersubjetivo*, como desde luego el propio Merleau-Ponty se ocupa y preocupa de aclarar y destacar desde el principio mismo de su formulación de lo que aquí llamamos su teoría de la expresión, hablamos, justamente, de esto último: el acto expresivo, en ningún caso, ya sea de que se trate (o no, enseguida volveremos sobre esto) del arte o la política, es un acto que se termina de configurar sin un Otro que, de algún modo, y ya sea temporal o espacialmente en diferido, le "de relieve" a ese acto y, así, le otorgue su sentido o significado intersubjetivo. Por supuesto que, tal y como vimos anteriormente, no se trata única-mente de una operación a la que se le otorga un sentido o signifi-cado en el sentido, valga la redundancia, corriente del término, es decir de una simple interpretación o simplemente de una forma de significar una determinada acción, palabra, etc., sino, al mismo tiempo, de comprender o darle sentido al pliegue del sentido sobre el sentido, del lenguaje sobre el lenguaje, que toda expre-sión supone (lo que, en efecto, Merleau-Ponty, retomando a Sartre y a Francis Ponge llama, respectivamente, *humus significante* o *espesor semántico* del fenómeno expresivo). Así, y para recuperar el ejemplo que mencionábamos en el capítulo precedente, si la expresión es "una carne que está presente, con su vigor y con su debilidad, en su manera de andar y hasta en el choque del tacón del suelo" de un cuerpo, es porque ese estilo de ser carne de ese cuerpo al andar es interpretado y capturado, o mejor aun *perci-bido*, como *ese* estilo de ser carne y, por ende, como *ese* estilo de andar singular y específico de *ese* cuerpo.

La forma en la que este carácter intersubjetivo de la expresión puede fácilmente verse en el arte, en la pintura o en la literatura, por ejemplo, es a través, justamente, del estilo que caracteriza el trazo singular y específico del pintor, o de la escritura del escri-tor, es decir por medio de las operaciones expresivas que les dan a los productos artísticos de aquéllos, a sus obras de arte o a los textos que producen, su pliegue, su humus significante o espesor semántico, único. Si hay estilo o expresión artística, dicho de otro modo, es porque hay un Otro u otros que *perciben* ese estilo o expresión como *única* de ese pintor o escritor (aunque, como vimos, pertenecientes al mismo tiempo a una tradición, es decir a una misma *Stifung*).[16] La expresión configura así un suelo común de percepción (de significaciones no solo ya adquiridas sino también disponibles), un vínculo común que *se* expresa en esas obras, en cada pintura, en cada texto, convirtiendo así la presencia de ese Otro y la mía (lector y escritor, pintor y aficionado) en "una misma presencia"[17] o, mejor aun, en un vínculo que, de este modo, aparece como un vínculo directo de "espíritu a espíritu".[18] En "La ciencia y la experiencia de la expresión", uno de los ensayos más complejos y profundos sobre el tema, incluido en *La prosa del mundo*, Merleau-Ponty detalla con agudeza este vínculo o relación que caracteriza la relación intersubjetiva que construye la expresión en el arte y, más precisamente en la literatura, a partir de la obra de Stendhal:

> Sé, antes de leer a Stendhal, lo que es un bribón y puedo, por tanto, comprender lo que quiere decir cuando escribe que el fiscal Rossi es un bribón. Pero cuando el fiscal Rossi comienza a vivir, ya no es él quien es un bribón, sino el bribón quien es un fiscal, *el fiscal Rossi*. Entro en la moral de Stendhal a través de unas palabras de las que se sirve todo el mundo, pero esas palabras han sufrido entre sus manos *una secreta torsión*. A medida que se multiplican esas modificaciones y que se dibujan en mayor número las flechas hacia ese lugar del pensamiento al que nunca con anterioridad había ido yo, o quizá, sin Stendhal, no hubiese llegado a ir jamás, mientras que las ocasiones en las que Stendhal las emplea indican cada vez más imperiosamente el sentido nuevo que les está dando, yo me voy acercando a cada momento más a él hasta que acabo leyendo sus palabras dentro de la intención con que él mismo las escribe. (...)

---

16. Véase el primer capítulo, pp. 34-35.

17. Merleau-Ponty, Maurice: *La prosa del mundo,* Madrid, Trotta, 2015, p. 30.

18. Ibid., p. 31

Palabras comunes, episodios después de todo ya conocidos
–un duelo, unos celos–, que antes me remitían al mundo de
todos, empiezan a funcionar de repente como emisarios del
mundo de Stendhal y acaban por instalarme, sino en su ser
empírico, al menos en ese yo imaginario sobre el que ha
estado hablando consigo mismo durante cincuenta años, al
tiempo que lo iba desmenuzando en obras. Solo entonces
pueden el lector y el autor decir con Paulhan: "*En tal instante
al menos, yo he sido tú*". Yo he creado a Stendhal, soy Stendhal cuando lo leo, pero esto es posible porque previamente
Stendhal ha sabido instalarme en él. (...) El momento de la
expresión es aquel en el que la relación se invierte, en el que
el libro toma posesión del lector.[19]

El pasaje vale la pena reproducirlo en toda su extensión porque sintetiza muy bien, en varias de sus aristas, la presencia del
estilo en el acto expresivo (fórmula que a esta altura del argumento resulta ya una redundancia) a través del cual un quién se
anuda a otro, constituyendo eso que hace de la expresión, justamente, un hecho o un fenómeno inevitable e irreversiblemente
intersubjetivo, que "cobra relieve" *en* los demás. En primer lugar,
decía entonces, sintetiza muy bien esto último porque muestra
con transparencia el hecho de que ese acto expresivo que incluye
a otro se apoya o se activa, en primer término, en percepciones,
en significaciones y sentidos, que no es ni el escritor ni el pintor el que las inventa: "Sé –sostiene Merleau-Ponty– antes de
leer a Stendhal lo que es un bribón y puedo, por tanto, comprender lo que quiere decir cuando escribe que el fiscal Rossi es un
bribón". Sin embargo, agrega enseguida, "cuando el fiscal Rossi
comienza a vivir, ya no es él quien es un bribón, sino el bribón
quien es un fiscal, el fiscal Rossi. Entro en la moral de Stendhal
–concluye entonces– a través de unas palabras *de las que se sirve
todo el mundo*, pero esas palabras han sufrido entre sus manos
una secreta torsión". Esta secreta torsión es, precisamente, la torsión, *el pliegue*, que la expresión hace sobre el lenguaje, sobre el
sentido y las significaciones disponibles, plegándolos, tensionán-
dolos, sobre sí mismos y produciendo, a través de ello, y ahora
sí, una *nueva* percepción, un *nuevo* sentido que abre el campo o

---

19. Ibid., pp. 29-30.

LOS PLIEGUES DE LA DEMOCRACIA

el horizonte que compone esa vieja percepción o sentido sobre el cual aquella actúa: "pero cuando el fiscal Rossi comienza a vivir, ya no es él quien es un bribón, sino el bribón quien es un fiscal, *el fiscal Rossi*". El acto expresivo y su particular operación, la torsión o el pliegue del lenguaje sobre el lenguaje, del sentido sobre el sentido, de las significaciones sobre las significaciones es, por ende, lo que constituye ese suelo común, ese horizonte perceptivo compartido que la expresión pone en juego cada vez que ella se realiza. Ahora bien, para que ella se realice, para que ese suelo u horizonte sea común es necesario, justamente, de un otro que *perciba* esa particular torsión o pliegue, ese estilo que, en el arte, une espíritu con espíritu, logra instalar al lector o al que percibe esa obra artística (y su estilo, fundamentalmente, insisto) en el mundo del artista, no en su "ser empírico" sino en su "yo imaginario", en esa creación o invención que es producto de esa obra. Y así es, en efecto, como en la escritura, por ejemplo, el libro toma posesión del lector y, como sostiene Merleau-Ponty citando a Paulhan: "En tal instante yo (lector), he sido tú (escritor)". El vínculo intersubjetivo que alimenta el arte se compone, así, de esta dimensión decisiva que es el estilo, el acto de expresión en su forma *viva, en acto*, justamente, y que solo el arte y la política pueden configurar como tales porque en su forma viva, en acto, modifican o transforman, constituyen y configuran, ese mismo suelo común sobre el que, decía, se apoya haciendo no solo del otro un otro anudado a mí a través de ese estilo sino transformado y constituido como tal a través de este último. Y esto es, de hecho, lo que, sosteníamos hace algunas líneas atrás, hace del campo artístico y político, campos de acción privilegiados de la expresión: porque sus efectos son configuradores de aquello que conforma el suelo perceptivo común (de la carne) que constituyen esos mundos (la carne de la carne), por un lado, y al otro o a los otros que le dan relieve a la expresión y a ese suelo común (es decir a esa *expresión carnal* de la carne de la carne), por el otro.

Es cierto que, no obstante, este suelo (perceptivo) común tiene, para decirlo de algún modo, diferentes grados o amplitudes, diferentes *profundidades*. En el caso que citamos de Stendhal, y que el propio Merleau-Ponty recupera, se trata, si se quiere, del lazo intersubjetivo mínimo, de la unión o del suelo común mínimo que el arte, o la escritura en particular, configura o constituye como tal. Es decir, lo que allí describe Merleau-Ponty con toda elocuencia a partir de la literatura de Stendhal es, ni más ni menos, que la forma mínima que ese suelo perceptivo común, y que la intersubjetividad que él conforma, adopta: aquella que se produce entre el lector y el escritor, o en el caso de la pintura entre el pintor y el aficionado. Se trata, para decirlo de otro modo, del lazo que la expresión realiza en su grado mínimo, esto es, en ese *entre dos* que, ya sea el texto o el trazo en el lienzo, involucran. Sabemos, sin embargo, que ese suelo perceptivo común sobre el cual la expresión *actúa*, no solo se constituye en y a partir de este grado o suelo mínimo o común que conforma el entre dos de la "intimidad" de la escena que puede entregar una obra de arte en su puesta en acto, es decir en y a partir de, para seguir con el ejemplo, la lectura que realiza quien se ve, en la intimidad de su casa u hogar, por caso, "tomado" por el libro y así unido inevitablemente al escritor por un lazo expresivo o estilístico único, como es el caso de Stendhal en la cita de Merleau-Ponty, sino, fundamentalmente, en y a partir de este común perceptivo que configura y le da forma a una comunidad, a las sociedades en general o, mejor aun, a la *carne* de lo social. *La carne* de la carne de lo social, dicho de otro modo, es modificada y configurada, constituida y (auto)instituida por los actos expresivos que tanto el arte como la política llevan a cabo. Es en este preciso sentido que esta última y la primera son, particularmente, instancias de la expresión privilegiadas (y por ende el arte y la política campos de acción privilegiados) en términos de lo que significa e implica el fenómeno de la expresión: porque sus efectos sobre lo común percibido, sobre *el estilo* de lazo y de unión que realiza esta última, son especialmente duraderos y profundos porque esos efectos tienden a modificar y a reconfigurar esa carne de lo social que, entonces, esa percepción común *es* en tanto *carne de la carne*.

Ahora bien, me interesa, no obstante, destacar o desarrollar aquí principalmente *un pliegue o torsión singular de la política*, de sus actos expresivos, que a diferencia de otros pliegues o torsiones de la política, volveremos enseguida sobre esto, asume y soporta, lidia y no obtura lo que constituye la principal característica de ese común perceptivo que la expresión de los propios actores políticos (sean estos, insisto, actores de la sociedad civil devenidos "sujetos políticos", o sean estos actores propiamente políticos, integrantes de la vida institucional de una sociedad democrática, por caso) modifica: la radical incertidumbre, en términos de Lefort, o el carácter inevitablemente abierto que esta carne de lo social, en tanto expresión de ese común perceptivo, posee. Me refiero, desde luego, *al pliegue democrático* de la política o, puesto de otro modo, a los actos expresivos que dan forma y (auto)instituyen a ese régimen político, entendido este último como forma de sociedad y no como instancia de lo social, que llamamos democracia.

La democracia, su advenimiento como fenómeno histórico es, como bien señala Lefort en varios de sus textos, una forma de sociedad, *un estilo* de ser de lo social, *de su carne*, que hace lugar a un universo expresivo cuya finalidad no pretende, por ende, clausurar el carácter netamente expresivo y constitutivo, inherente, a la configuración del mundo y, nuevamente, a la institución misma de esa sociedad. Si bien, no obstante, es cierto que, como también señala Martín Plot en su ensayo *El kitsch político*, las democracias contemporáneas se enfrentan, entre otros grandes desafíos, a la amenaza casi permanente y constante de la suspensión de ese carácter netamente expresivo e indeterminado del pliegue democrático de la política, a través de la utilización de diferentes herramientas y mecanismos (como la implementación de los denominados *Focus Group* o las ya típicas y célebremente conocidas encuestas de opinión pública, por nombrar solo algunos ejemplos) y, justamente, por estilos políticos u operaciones expresivas que atentan, entonces, contra esa indeterminación o apertura radical de la autopercepción de lo social propia del régimen democrático, lo cierto es, también, que esa suspensión no puede ser nunca hecha del todo y, principalmente, es ante todo una forma que "hipostatiza" este estilo o expresión democrática de la política. Retomando muy brevemente los argumentos que esboza Plot en aquel texto, esta hipostatización del pliegue o el estilo democrático de la política se realiza, no casualmente al igual que en el arte, campo del que viene, dicho sea de paso, el propio término anglosajón *kitsch*, por medio de la cancelación del juicio de los individuos o actores de la sociedad civil. Se trata, dicho de otro modo y expresado, justamente, en nuestros términos, de un estilo o expresión de la política democrática que, podríamos decir, es en este preciso sentido corrosiva de la democracia misma en la medida en que la cancelación de ese juicio, en el sentido arendtiano, implica la cancelación, al mismo tiempo, de la pluralidad que caracteriza y constituye los pliegues y repliegues del sentido sobre el sentido, es decir de los actos expresivos, que las diferentes perspectivas colectivas hacen posible y a partir de la cuales el estilo de ser de la carne de lo social, lo común auto percibido como indeterminado que fundamenta a la democracia como forma de sociedad, involucra. Esta cancelación (que por supuesto no es absoluta sino relativa) del carácter eminentemente expresivo del pliegue democrático tiene, en efecto, y como indica Plot, dos *expresiones* históricas bien concretas. La primera es la expresión propiamente *kitsch* de este pliegue o estilo que consiste, en lo fundamental, en cancelar el carácter expresivo de esta última a través de la reducción al mínimo "de la creatividad implícita a toda política democrática, limitándose (así) a la manifestación de posiciones públicas que cumplan con las condiciones de haber sido suficientemente testeadas acerca de su potencial aceptación pública".[20] Es decir, consiste en expresar lo que se *cree* expresa lo que el público (la sociedad civil) *quiere* decir, anulando la novedad, la institución y la apertura a lo inédito que la expresión democrática de la política inherentemente implica. De este modo, por medio de las diferentes herramientas técnicas que la propia democracia hace posible, como, insisto, las encuestas de opinión pública y los *Focus Group*, se pretende repetir o reproducir sentidos y significaciones, actos expresivos en última instancia y, por ende, formas mismas de percibir lo social, que encuentran en el acto expresivo de esa acción su fiel reflejo o su *mejor* representación o imitación, *su mimesis*. Desde prejuicios racistas o xenófobos (ya presentes, desde luego, como significaciones disponibles en su forma más típica en ese suelo común perceptivo que conforma la carne de lo social), hasta significaciones y sentidos más banales o esquemáticos, que hacen al carácter expresivo del sentido común, son convocados por el estilo *kitsch*

---

20. Plot, Martín: *El kitsch político*, Buenos Aires, Prometeo, 2003, p. 14.

LOS PLIEGUES DE LA DEMOCRACIA

de la política democrática sin ninguna otra mediación que la de la repetición o la simple reproducción social de lo expresado (en el estricto sentido en el que lo estamos entendiendo aquí). La prosa con la que dotamos de sentido al mundo, para retomar la fórmula de Merleau-Ponty, es vuelta a expresar (en el sentido corriente de la palabra) pero expresando (en el sentido merleaupontyano del término) *nada*, esto es, nada *nuevo*: ningún nuevo pliegue u operación sobre el lenguaje es realizado, ninguna nueva textura de la carne de lo social es iluminada por un estilo político que, de esta manera, *solo* activa, acumula y agranda, los sedimentos de lo viejo y de lo ya conocido. No hay expresión en el estilo kitsch del pliegue democrático de la política, dicho de otro modo, sino *a costa* de la expresión, de anularla como fenómeno constitutivo del mundo e inherentemente perceptivo e intersubjetivo, esto es y en última instancia, *político*. Este *a costa* de la expresión es, como mencionamos, un también a costa del pluralismo y la apertura radical al que todo acto expresivo se ve expuesto y que, en rigor, como también dijimos, se constituye como tal o, mejor aun, "le da relieve".

La segunda *expresión* histórica del pliegue democrático de la política que, insisto, a contramano del propio fenómeno de la expresión y al mismo tiempo de la apertura radical que acompaña a esta última, obtura u opaca el horizonte democrático mismo (pero que, no obstante, se da, como mencionamos, en el contexto de este) es el tipo de pliegue o torsión de la política democrática que Plot denomina ideológica:

> ...el concepto de política ideológica –sostiene Plot– (...) pretende echar luz sobre una hipóstasis de sentido opuesto (al de la política *kitsch*). De modo inverso a lo que ocurre con el *kitsch* político, la política ideológica (...) si bien suele fundamentarse en claros e incluso innovadores principios, sin embargo rechaza de manera categórica las limitaciones que cualquier (...) política democrática (...) encuentra en el juicio público del resto de los conciudadanos. (....) (E)ste movimiento –concluye el autor– es una operación por la cual aquellos principios políticos *devienen* premisas ideológicas.[21]

---

21. Ibid.

La obturación o la corrosión, en suma, de la expresión como fenómeno eminentemente político se produce allí donde comienza la política en "su peor sentido": cuando cualquier sentido o puesta en práctica del juicio es anulado a partir de la elevación de un sentido o juicio único (el del propio actor o sujeto político) como el único verdadero o capaz de percibir *la verdad* de lo social, de su devenir histórico o de su dinámica propia. Es decir: aquí la operación expresiva que atenta contra la expresión misma, en su sentido fuerte, es ni más ni menos que la operación que convierte una perspectiva, una percepción sobre lo común, en la única posibilidad de darle expresión, relieve, a la carne de lo social, convertida así en *cuasi cuerpo* y no *en carne*, estrictamente hablando, devenida, para ponerlo de otro modo, en el reflejo de aquello que se supone la constituye: el acto expresivo, y su reverso, el juicio sobre este último que se transforma, así, en un juego de espejos que socava cualquier posibilidad de emergencia de nuevas formas de expresión capaces de transformar el medio del que somos parte como sujetos y objetos: el elemento carnal que compone y le da forma a la sociedad.

Ahora bien, a diferencia de ambos estilos de la política democrática o, mejor aun, de ambos pliegues o expresiones democráticas de la política, en la medida en que se producen "en el contexto" del régimen democrático o, más precisamente, de las democracias contemporáneas, esto es que las configuran y son, por ende, su pliegue, insisto, y no una simple expresión, pliegue, antidemocrático de estas (y en la medida en que conservan, a su vez, al menos una de las dimensiones más importantes de aquella, volveremos enseguida sobre esto), quisiera, no obstante, recuperar lo que considero es la expresión estrictamente histórica del pliegue democrático de la política, esto es de los actos expresivos cuyos efectos no saturan la potencialidad expresiva, plegable e incierta, de estos últimos, de su sentido y de la carne que constituyen. Si bien, en este sentido, toda tipología (incluso esta misma que estoy esbozando) no es más que una simple tipología (es decir no son más que tipos puros ideales, como lúcidamente supo desarrollar Weber), si rastreamos el origen histórico de la democracia como régimen político, como se ocupó de describir largamente Lefort a lo largo de toda su obra, y la mutación histórica (y expresiva) que esta última produjo en las sociedades, es posible encontrar, sin dudas, las dimensiones constitutivas, o genitivas para usar una palabra más afín a la filosofía del propio Lefort, de este pliegue o estilo. Como bien sabemos, en efecto, el advenimiento de la democracia como forma de sociedad supone en primer lugar un tipo de mutación histórica que es decisiva para dicho advenimiento: la de la separación o desanudamiento entre la ley, el saber y el poder, o lo que Lefort llamó el proceso de desincorporación del poder. Este proceso, o aventura histórica como lo llama el autor francés, involucra, en muy resumidas cuentas, la institución de un lugar, o una instancia de lo social, propiamente política en el sentido de que se percibe a sí misma, esta instancia o este lugar, como el lugar o la instancia en donde se resuelven los conflictos que surgen de la propia pluralidad de perspectivas que constituyen lo común percibido, o la carne misma de este último. Como es bien sabido, en efecto, aquel comienza con el desprendimiento de la ley (del derecho) y del saber (de la percepción de lo social) del cuerpo del rey o del monarca, es decir con su desincorporación como normas (leyes) y perspectivas (saberes) encarnados en un cuerpo que todo lo *sabe* y que todo lo *legitima* en términos de lo social. Es en este preciso sentido, decía, que las anteriormente mencionadas expresiones, o pliegues, históricos de la política democrática (la kitsch y la ideológica) mantienen con la expresión estrictamente democrática una dimensión en común que, no solo va más allá del contexto democrático que las acoge y que configuran sino que, en efecto, hace posible que tengan lugar en este contexto: me refiero, desde luego, a la secularización de la política en cuanto tal, es decir a la inclusión de esta en una esfera absolutamente inédita en la historia de la humanidad (a excepción, desde luego, de aquella que tuvo lugar en las pequeñas ciudades-Estado de la Antigua Grecia): la de la política como instancia de la sociedad en donde las prácticas políticas, o la acción política (o los actos expresivos de esta última, en nuestros términos), son reconocidas como estrictamente humanas, o lo que es lo mismo se trata de la emergencia de la esfera pública como esfera de lo estrictamente humano. La desincorporación del poder implica, puesto en otras palabras, no solo la separación que recién mencionamos sino que, además, en virtud de ello, involucra el surgimiento de una esfera de lo común percibido cuyo principio de legitimación es –justamente– la propia deliberación colectiva de la sociedad (ya sea que esta adopte, como en la democracias contemporáneas, la forma institucional de un sistema político representativo, o ya sea que esta adopte, como en el caso de las antiguas ciudades griegas, la forma de la copresencia plena de todos los ciudadanos debatiendo en un mismo espacio, la plaza pública o la *polis*, es decir la forma del debate suscitado bajo el abrigo de un mismo escenario caracterizado y regido por la proximidad del habla y el pleno alcance de la voz[22]). En términos más estrictamente lefortianos, y teóricos, lo que el surgimiento de la democracia como forma de sociedad hace posible es la ya clásica separación entre la política como instancia específica de lo social, compuesta por las prácticas y las instituciones que hacen al juego democrático mismo, la deliberación pública, y lo político como esa dimensión (auto) instituyente de la sociedad, en donde esta última le da forma a su propia sustancia carnal, excediendo o desbordando a la primera. Es cierto que, sin embargo, toda sociedad posee esta dimensión (auto)instituyente de su propio estilo de ser carne (puesto que, en rigor, toda sociedad *se expresa* de una determinada manera como entidad), pero no toda sociedad hace de ese acto expresivo un acto *trasparente a sí mismo*, haciendo de la expresión un acto eminentemente político). A lo largo de la historia, dicho de otro modo, la política como tal fue mayormente invisibilizada, a partir del ya mencionado anudamiento entre el saber, la ley y poder, es decir a partir del acto de la encarnación de estos últimos en un cuerpo individual (o colectivo como puede ser el caso del Pueblo, la Nación o el Proletariado para los totalitarismos comunistas), y haciendo, por ende, de la política una expresión eminentemente teológica (transfiriendo en las monarquías, por ejemplo, los rituales de la Iglesia al ejercicio del poder político), o eminentemente epistémica (como en el caso, insisto, de los

---

22. Desarrollé especialmente esta cuestión de la copresencia en la política, y su vínculo con la escritura, en mi libro *El parpadeo de la política. Ensayo sobre el gesto y la escritura.* Buenos Aires, Miño y Dávila editores, 2021.

totalitarismos en donde los conflictos a propósito de la percepción de lo común son cancelados a través de la institución de una sola perspectiva o visión que se auto atribuye *la verdad* de lo social). La democracia, en síntesis, no hace de *la* política un elemento central, sino *el* elemento central (aunque no el único, desde luego) de su función o dimensión expresiva (lo que Lefort llama lo político), haciendo visible e institucionalizando o, mejor aun, *escenificando*, poniendo en escena (*mise-en-scène*) la disputa por el poder y el conflicto (la división) inherente a *toda* forma de sociedad (acogiendo, así, el carácter eminentemente plural de la carne de lo social).

No obstante, decía, quisiera recuperar, al menos muy provisoriamente puesto que volveremos sobre ello en los próximos capítulos, un pliegue o expresión de la política democrática que reviste, más allá de esta dimensión que acabo de desarrollar, una que la constituye, en términos históricos, como el estilo o pliegue propiamente democrático de la política: aquella que surge del proceso histórico que deriva en la Revolución Francesa y, fundamentalmente, en el texto que funda el derecho y los derechos en nuestras sociedades contemporáneas: la Declaración de los Derechos del Hombre y del Ciudadano. Como bien sabemos, este texto y los derechos que él declara fueron objeto, a lo largo de la historia de la filosofía y la teoría política, por un lado, y del debate público de las propias democracias, por el otro, de un intenso e importante debate a propósito de su estatuto no solo en términos de su propio carácter democrático (como son el caso de las críticas esbozadas por Arendt o más recientemente por el filósofo francés Jacques Rancière, por ejemplo) sino, también, de su propio carácter transformador de la sociedad, es decir de su verdadero carácter y potencia *expresiva* (en el sentido fuerte del término, tal y como aquí lo estamos apuntando). Sin embargo, y a pesar de ello, este carácter y potencia expresiva, sus efectos configuradores de la carne de lo social, son sin dudas ineludibles. Es decir: si *la política* de los revolucionarios franceses que hace lugar a la Revolución más importante del mundo occidental (tal y como señala la propia Arendt en *Sobre la revolución,* en donde reconoce, en efecto, que si bien la Revolución norteamericana tuvo mayor éxito que la primera, en la medida en que esta última pudo instituir una república duradera en los Estados Unidos, mientras que la segunda conduce, en cambio, a la institución de una República "fallida" en varios sentidos –no solo porque culmina en el golpe de Estado de Napoleón, en 1804, que instituyó el Imperio Francés sino porque, además, el propio período republicano estuvo caracterizado por diferentes formas de violencia política, aplicada primero por los jacobinos, durante el denominado período de "El terror", y luego durante el período del gobierno termidoriano); si, decía, aquella Revolución tuvo mayor importancia que la norteamericana, es porque inaugura, justamente, lo que la misma Arendt llama una tradición revolucionaria que se vuelve, según sus propios términos, paradigmática de toda revolución posterior (una tradición que, insisto, y como veremos enseguida, se trata de la forma estrictamente democrática de la política). Esta tradición –que, como mencionaba más arriba, Merleau-Ponty, recuperando a Husserl, llama *Stifung*– puede leerse, desde luego, desde diferentes aristas y a partir de diferentes perspectivas. Está claro que, en primer lugar, la Revolución norteamericana no fue, simplemente, una revolución sin consecuencias históricas ni efectos duraderos para la vida y el imaginario político del resto de Occidente. En primer término, porque como bien sabemos esta última tuvo consecuencias sin dudas críticas para la emergencia, por ejemplo, de varios de los textos democráticos más importantes de Sudamérica, textos a partir de los cuales las elites de estos países hicieron lugar a sus primeras experiencias constitucionales (el caso de Argentina es, en este sentido, uno los casos más ilustrativos). No obstante, decía, está claro también que la lectura que realiza Arendt, que en todo momento expresa mayor simpatía por la Revolución norteamericana que por la francesa, no es en absoluto descabellada, ni mucho menos. Esta lectura que privilegia, insisto, la mayor influencia de la segunda (que inaugura, dicho de otro modo, lo que aquí llamaremos la tradición democrática de la política, de su torsión o pliegue específico) puede ser leída entonces desde diferentes puntos de vistas. Uno de ellos es la propia imposibilidad de constituirse como legado, y como tradición revolucionaria, en la propia vida política de EEUU. Es decir: uno de los motivos por los cuales ese legado pudo haber quedado, no obturado pero al menos opacado, por el legado de la Revolución

LOS PLIEGUES DE LA DEMOCRACIA

que se produjo en el seno de Francia, puede haber sido el límite que, siempre según el argumento de Arendt, aquella tuvo en su propia tierra: la imposibilidad, puesto en otras palabras, de que el orden constitucional en proceso de fundación sea él mismo capaz de ser "revolucionado", esto es, transformado por las generaciones posteriores a la fundadora, tal y como Thomas Jefferson lo había soñado.[23] Otra de las razones que, con buen tino, es posible esbozar se encuentra en el fondo de esta influencia dispar de ambos acontecimientos históricos decisivos, en cualquier caso, para la vida política contemporánea, es más bien histórico-geográfica: una revolución de las dimensiones que tuvo la Revolución francesa, producida en el centro neurálgico de Europa, no podía sino ser mucho más decisiva para el resto del mundo, y para la propia Europa, que aquella producida en las tierras todavía algo "lejanas" de América del Norte.

Sin embargo, y como apuntaba anteriormente, en lo que sigue me interesa destacar lo que, desde mi punto de vista, constituye la razón decisiva de esta influencia dispar y, yo diría, de la importancia radical, para la emergencia de la democracia y de la tradición misma que esta última hace posible en términos de lo que es posible identificar como su pliegue, estilo o expresión, históricamente genitiva. Me refiero, desde luego (e insisto) a la potencia expresiva que se deriva del proceso revolucionario francés cuyos efectos hacen lugar al acto expresivo, al texto, más importante de nuestras sociedades contemporáneas: la Declaración de los Derechos del Hombre y del Ciudadano. ¿Qué es, en fin, lo que hace de ese texto algo único en términos de su carácter configurador de la carne de lo social o, para decirlo de otro modo, de sus efectos sobre nuestra vida colectiva? ¿Cuál es la relación, para volver a Arendt, que existe entre esto último y esa influencia dispar que la propia teórica alemana señala en *Sobre la revolución* a propósito de la Revolución francesa y la Revolución norteamericana?

---

23. Para un mejor acercamiento al debate en torno a esta cuestión, y a una lectura en todo caso distinta a esta última que esbozamos de Arendt a propósito de la apertura expresiva de la Constitución norteamericana en el período de su fundación, véanse los tres volúmenes del extraordinario libro *We the people*, de Bruce Ackerman, por un lado, y los ensayos de Martín Plot sobre el tema, por el otro.

El carácter expresivo, en el estricto sentido merleau-pontyano de la palabra, que posee ese proceso revolucionario y que, en efecto, hace posible la *institución* de un verdadero *estilo* de la política que, como sostuve más arriba, hace lugar a una tradición específica que es reactivada una y otra vez a lo largo de la historia de los últimos dos siglos y medio. Por un lado, entonces, este carácter expresivo se caracteriza por lo que anteriormente señalé como su *potencia* expresiva: lejos de corroer, opacar o socavar el carácter eminentemente abierto y plural de la carne de lo social, la imposibilidad de su encarnación, dicho de otro modo, en un cuerpo o en una entidad colectiva singular, el texto al que hace lugar la Revolución francesa y la política de los revolucionarios franceses, la Declaración de los Derechos del Hombre y del Ciudadano, acoge y recoge ese carácter abierto y plural de la carne de lo social. Este último, que en la actualidad conocemos simplemente con el nombre de la Declaración de los Derechos Humanos, es, de este modo, el reverso del anverso de una política cuyos efectos expresivos se inscriben como texto mucho menos para ser grabados como documento que para ser grabados como configuradores de una nueva expresión de la carne de lo social cuyos pliegues se convierten, al mismo tiempo, en los efectos, en adelante, de ese mismo texto manteniendo, así, la imposible clausura de su sentido último. Este efecto circular, hiperdialéctico, al decir de Merleau-Ponty, entre práctica y texto (es decir esta política) se produce por ende no solo porque esta última porta esa potencia expresiva (cuyos fundamentos profundizaremos enseguida) sino porque el texto acoge y recoge esa potencia a través de su inscripción como, justamente, *texto* (lo que, por supuesto, muestra al mismo tiempo los efectos duraderos de la práctica de la escritura, más allá incluso de la propia literatura, en la constitución del suelo común perceptivo que contornea los límites y fronteras de lo social).[24]

Los fundamentos de esta potencia expresiva, decía, son entonces, y en primer lugar, lo que Merleau-Ponty llamaría su carácter sobrerreflexivo, esto es, la asunción de la imposibilidad de que

---

24. Véase, en este sentido, mi libro: *Politique de l'écriture*. L'Harmattan, 2018.

cualquier perspectiva agote la multidimensionalidad de lo social y, por ende, su propia naturaleza expresiva (el punto ciego que, en otros términos, ninguna percepción puede percibir *sobre sí misma*). El interrogante que no obstante surge a partir de esta última consideración remite a la pregunta acerca de la economía expresiva misma de aquel texto, de su pliegue singular o su estilo, para decirlo más precisamente, puesto que es en ese estilo o pliegue en donde aquella potencia se muestra una y otra vez como las diferentes expresiones, justamente, de la política democrática a lo largo de la historia. Este pliegue o estilo, en efecto, se hace presente en la vocación abstracta que caracteriza a la Declaración en términos del sujeto que es objeto de los derechos que ella declara. Largamente criticada por el marxismo e incluso por buena parte del conservadurismo de fines del siglo XVIII, esa abstracción, que hace de la humanidad el sujeto que es objeto de esos derechos, es, de hecho, su principal fundamento. Puesto de otro modo: ¿quién es, en adelante, y post Declaración de los Derechos del Hombre y del Ciudadano, el sujeto portador de los derechos inalienables que nos hacen, en tanto "seres humanos", nacer "libres e iguales en dignidad y derechos"? La localización de este sujeto, que es al mismo tiempo sujeto (del acto expresivo que lleva a cabo) y objeto (de su enunciación como texto), es ciertamente imposible o, mejor aun, imposible es delimitarlo o volverlo cuerpo, encarnarlo. Ahora bien: lo que sobre todo quiero subrayar aquí, puesto que volveremos sobre este carácter autoreflexivo de la torsión democrática de la política enseguida es, decía, la dimensión que, en términos de Merleau-Ponty, podríamos llamar hiperdialéctica de esta última en lo que a su vínculo con la escritura, en primer lugar, y con la historia, o con la temporalidad histórica en cuanto tal, y con lo que llamamos su potencia expresiva, compete. Esta dimensión, insisto, se caracteriza por su relación hiperdialéctica entre aquella acción revolucionaria y aquel texto al que esta hace lugar como resultado de su propio estilo. La condición eminentemente abierta de la expresión democrática de la política, de su sentido, que, podríamos decir, tiene en la burguesía su sujeto *histórico,* como bien supo señalar Marx en *Sobre la cuestión judía,* tiene, no obstante y como señalaba recién, a la humanidad, o a los seres humanos simplemente, como su sujeto *expresivo.* Esta diferencia entre el sujeto histórico que es agente de la acción y el sujeto expresivo que la proyecta más allá de este último, es fundamental para comprender que el primero, lejos de ser la encarnación de su sentido último es, simplemente, lo que no es poco, el portador de su sentido *histórico*. Es en este preciso punto, que su potencia expresiva se revela en todo su vigor y, valga la redundancia, en su máxima expresión. Porque es esta distancia, en efecto, lo que habilita su inscripción como texto y, de allí en adelante, sus efectos duraderos más allá de las condiciones particulares de emergencia de ese sujeto histórico al que tanto Marx criticaba en aquel texto de 1844. Porque lo que se inscribe, se graba y se pliega como un nuevo sentido en la Declaración de los Derechos del Hombre y el Ciudadano es mucho menos la imagen de la burguesía como clase, como crítica ampliamente el propio Marx, sino el de la humanidad, precisamente, como el sujeto de los derechos que, desde la libertad hasta la igualdad, componen la batería "jurídica" que la integra en sus diferentes aristas.

De este modo, el texto de la Declaración de los Derechos del Hombre y del Ciudadanos es, insisto, mucho menos un documento histórico que una nueva *expresión* de la carne de lo social (la que constituye, una vez más, el estilo democrático de la política), es decir del suelo común perceptivo sobre el cual se configura el horizonte que organiza nuestra vida colectiva. Este actúa, en otras palabras, como su fondo, como el nuevo pliegue sobre el pliegue de sentido que inaugura una nueva concepción del Derecho que, en cuanto tal, inaugura no solo una nueva forma de este último sino, fundamentalmente, una tradición de la política, un universo expresivo (acciones, prácticas, instituciones y textos), en suma, que es constantemente revitalizado y activado, sobre todo durante el siglo XX, haciendo de ella una política capaz de ser continua, aunque parcialmente "encarnada", por cualquier colectivo que, en nombre de la humanidad, se vea afectado, o "dañado", para retomar las palabras del filósofo francés Jacques Rancière, en su "libertad e igualdad" más allá de sus condiciones particulares e históricas de existencia y emergencia como sujeto de derecho o, mejor aun, político. De allí, de hecho, el efecto circular, hiperdialéctico, entre acción y texto que mencionaba más arriba. La inscripción de aquella acción política, la de los revolucionarios franceses, como texto significa así, en primer lugar, su inscripción en la carne de la carne de lo social, el anudamiento de un nuevo tipo de intersubjetividad, de lazo común, de horizonte perceptivo compartido, que *continúa* actuando más allá de su propio origen histórico e, incluso, de su "desviación" (o, digamos, de su "traición") que comienza, sin ir más lejos, al poco tiempo de su redacción con el propio establecimiento del período de "El Terror" durante el primer gobierno de la Revolución francesa. Ningún proceso histórico, pues, está exento de contradicciones y de obstáculos, ninguna *expresión* o estilo de la política se presenta, volviendo a Weber, en su forma ideal y pura, incontaminada y sin ningún tipo de reversos y anversos, pliegues y sentidos que vayan más allá de cualquier tipo de reflexión teórico-política. En este sentido, y en primer término, la Declaración de los Derechos Humanos de 1948, debatida y aprobada en el marco de la Asamblea General de las Naciones Unidas, cuyos nuevos derechos amplían y complementan a los que declaraba su "primera versión" de 1789, agregando a estos últimos una nueva generación de derechos (civiles, económicos, culturales), no es sino la expresión, justamente, de esta potencia expresiva, de su carácter eminentemente abierto en términos de las posibilidades que esta permite en pos de la profundización de la igualdad y la libertad que se muestran, desde luego, como los principales derechos que el sujeto de estos, la humanidad, posee (y no posee al mismo tiempo, puesto que necesitan ser continuamente actualizados, reinscritos e inscritos en la expresión democrática del derecho, en la carne de la carne de lo social, de esa nueva forma de sociedad que, como piensa Lefort, es la democracia).

Sin embargo, y a pesar de la indudable importancia que tiene la Declaración de 1948, esta está lejos de agotar lo que aquí queremos apuntar como la inauguración de una verdadera tradición, de una verdadera *Stifung*, al decir de Husserl, de la política democrática como producto, decíamos, del vínculo hiperdialéctico que existe entre ésta y su texto inaugural, entre práctica y texto, más ampliamente, o, para decirlo en una palabra, de su potencia expresiva (y, va de suyo, autorreflexiva). A lo largo de la historia de los últimos dos siglos, de hecho, este texto y su principal categoría, la de los derechos humanos, han sido leídos y releídos, interpretados y reinterpretados, percibidos y vueltos a percibir, plegados y vueltos a plegar en su sentido en diferentes condiciones y circunstancias históricas. En primer lugar, insisto, lo fue a mediados del siglo XX por la propia Declaración de 1948 que mencionaba y que es el resultado, y el efecto, de un proceso cuyo sujeto, y cuyo texto, no puede, entonces, ser ni encarnado, en el primer caso, ni cerrado en su sentido, en el segundo, en forma definitiva ni bajo la forma del pliegue u horizonte como plantea Plot, espistémico de la política que reduce la multidimensionalidad de lo social, *la textura de la carne de lo social*, a una perspectiva que se reconoce y se asume a sí misma como la portadora de la verdad de la sociedad; ni bajo la forma de pliegue teológico de aquella que, en un mismo movimiento, reduce la percepción de lo social a una verdad que, a diferencia de la primera, no nace de su interior, bajo la mirada de una reducción secular (la del ególatra, para decirlo con Lefort), sino de una posición exterior que se asume, justamente, como teológica o, más ampliamente, perteneciente al orden de lo sagrado (la mirada de Dios que, en el caso histórico de las monarquías absolutistas, bien lo sabemos, encarnaban los reyes o la corona). Esta *reescritura*, esta nueva operación expresiva que realiza este segundo texto, el de 1948, sobre el primero *expresa*, por ende, la emergencia de un nuevo pliegue de sentido sobre el sentido que hace posible el primero. Este pliegue es, precisamente, el que hace lugar a esa nueva generación de derechos humanos, civiles, culturales y económicos que, sobre todo después de la sanción de aquella, se expanden por varias de las democracias occidentales en las décadas del '60 y del '70, sobre todo, aunque no únicamente. Ahora bien, decía también más arriba, esta tradición no se agota solo en la emergencia de esta segunda Declaración, de un texto, que se muestra como la *expresión histórica* y *democrática* de una política que lleva consigo el germen, como diría Marx, de su continua y constante apertura hacia nuevas expresiones históricas del horizonte democrático de lo político. Lo que resulta relevante señalar en este punto es que, al mismo tiempo, esa tradición del estilo democrático de la política es genitiva de muchas de las democracias más recientes y contemporáneas, más "jóvenes", de nuestra propia época. Me refiero, en particular, aunque no únicamente, desde luego, a las democracias de los países "en desarrollo" y, más específicamente, de América Latina y, fuera de ella, el caso de Sudáfrica es sin dudas también paradigmático. Es en este sentido que, para recuperar en buena medida parte del debate y de la resignificación que en las últimas décadas tuvo como objeto a los derechos humanos, justamente, estos están lejos de *expresar* un nuevo tipo de humanitarismo que se derive de la obligación de atender el tipo de injusticias y desigualdades más radicales e innombrables, *inhumanas,* que en el contexto de la consolidación de estas "nuevas democracias" se realiza: el del pliegue ético de política democrática que ese humanitarismo configura pero que, como veremos enseguida, ese humanitarismo, al mismo tiempo, no agota en absoluto.

CAPÍTULO III

El (re)pliegue ético.
Humanismo y terror[25]

Durante los años ochenta la bandera de la defensa de los derechos humanos fue alzada, principalmente, en la lucha del movimiento de disidentes del régimen soviético y de Europa del Este.[26] No obstante, con la caída de este último y fundamentalmente con el colapso de los totalitarismos que caracterizaron buena parte de la historia del siglo XX en Occidente, del cual el régimen soviético era, precisamente, uno de sus últimos y más duraderos eslabones, los derechos humanos fueron reinscritos, reinterpretados y vueltos a plegar en su sentido por otro movimiento, por otra *política* que los ubica, que los *percibe,* como un capítulo más, o en el marco de, la ascendente visión poshistórica a propósito de la supuesta reconciliación final entre el capitalismo o la economía de mercado y la democracia liberal en su sentido más laxo (el célebre libro de Francis Fukuyama *El fin de la historia y el último hombre* no es, en este punto, otra cosa que su reflejo más elocuente). De hecho, esta reinscripción o repliegue (en el doble sentido de volver a plegar y de retroceder) del humus

---

25. Las resonancias del título que elegimos para encabezar este capítulo con el célebre ensayo de Merleau-Ponty, *Humanismo y terror*, no solo son deliberadas sino que, desde luego, surgen de la inscripción del mismo, y del libro en su conjunto, en el legado de su fenomenología.

26. Excluyendo, desde luego, a América Latina, sobre la que volveremos enseguida en el próximo capítulo.

significante que rodea a la categoría de los derechos humanos fue –es– apropiada por una concepción de estos que, al mismo tiempo que se configuró, y aún en buena medida se configura, bajo la figura de un imperativo ético humanitario, el de atender las formas de represión y violencia más inhumanas, se reconoce también, aunque *falsamente*, como su lectura intrínsecamente democrática. *Falsamente* porque no solo esta lectura, histórica y política –y no solo teórica, por supuesto– de los derechos humanos desplaza, pliega, su dimensión estrictamente política, erosionando así su dimensión propiamente expresiva, para decirlo de otro modo, hacia la esfera, dimensión, ética en el sentido de lo *humanamente* deseable, esperable e imperioso hacer con ellos, cargándolos del carácter normativo que, justamente, carecen (en virtud de su indeterminación o ambigüedad intrínseca), sino porque en un mismo movimiento pretende reconciliarlos con la ley y el derecho o, mejor aun, la ley y el derecho actual con los hechos (reconciliando democracia e, insisto, economía de mercado, esto es con lo que antes mencionaba como la visión poshistórica del mundo, *socavando* su potencia expresiva o, en una palabra, su torsión político-democrática). En primer lugar, entonces, este pasaje que marca el comienzo de esta concepción humanitaria de los derechos humanos, dominante y vuelta hegemónica, sobre todo en la década del noventa, aunque su estela permanezca, desde luego, hasta nuestros días, implica el vaciamiento de la condición autorreflexiva, indeterminada, de estos en la medida en que los convierte en una obligación, en una norma, y por ende en una ética, que no acepta otra forma que la de la aplicación sin más de sus principios. Los derechos humanos, dicho de otro modo, son mucho menos el horizonte de sentido sobre el cual el derecho se pliega sobre sí mismo y permite su propia apertura hacia nuevos derechos, sino que, muy por el contrario, se vuelve el reflejo de lo que ya ha sido estatuido como derecho. No hace falta, pues, ninguna política (en sentido fuerte), ninguna operación expresiva que habilite la apertura hacia nuevos textos y formas del derecho democrático. Así, por ende, solo queda la tarea de su *vigilancia ética*: *el humanitarismo* que caracteriza a esta concepción, en suma, disuelve su *humanismo*, su universalismo abstracto, como mal le criticaba Marx a estos en *Sobre la cuestión judía,* para anteponer en su lugar una idea esencialmente fraternal de su función en las sociedades contemporáneas. Es porque somos humanos, es porque somos todos fraternalmente humanos, que debemos cumplir sus principios y no, a la inversa, que sus principios emergen de nuestra condición humana, de la vocación expresiva que nos une *en tanto* seres humanos, es decir: en tanto *carne de la carne* de lo social. Mayormente, en efecto, esta idea o lectura, esta *expresión* histórica de los derechos que nacen con la Declaración de 1789 y la Revolución francesa, se refleja en las diferentes "misiones" humanitarias que muchos de los países occidentales realizan en la actualidad con el objetivo de velar por el cumplimiento de sus aspectos más esenciales: disminuidos a estos aspectos esenciales, de hecho, los derechos humanos no son otra cosa que los derechos de los que no pueden ni siquiera elevar su voz para defenderlos ni reactivarlos. Son, dicho de otro modo, el resultado de una política "cuasi solidaria", una política que se desprende de una obligación ética por cuidar a aquellos cuya supuesta incapacidad para defenderlos, en virtud de su desplazamiento hacia los márgenes más *inhumanos* del mundo contemporáneo, no les permite hacerlo. Derechos, insisto, que responden por tanto más a la idea de una especie de humanitarismo ético que a un humanismo abstracto pero, como bien sabemos, político e intrínsecamente democrático.

Ahora bien, y en segundo lugar aunque íntimamente relacionado con esto último, es al mismo tiempo esta idea de lo inhumano que subyace a este humanitarismo ético lo que, también socava a contrapelo de lo que él enuncia, la potencia expresiva, y política, de los derechos humanos. No solo porque, en primer término, una larga digresión a propósito de lo que implica la categoría de lo inhumano sería necesaria para comprender lo que el sujeto "inencarnable" de estos asegura sino porque, fundamentalmente, esta idea de lo inhumano (o del Mal, como veremos enseguida) es lo que garantiza, en el contexto de las democracias actuales, su estancamiento o su anquilosamiento como derechos eminentemente abiertos (autoreflexivos) y *plurales.* Si bien es cierto que esta categoría de lo inhumano en relación con los derechos humanos ha sido, justamente, largamente debatida en la teoría y la filosofía política contemporánea a propósito de los regímenes totalitarios, cuyas prácticas de genocidio o de exterminio de los diferentes pueblos fueron caracterizadas, sin ir más lejos, como inhumanas, es la propia dimensión de lo inhumano lo que presenta una serie de problemas con el espíritu democrático, esto es igualitario y auto instituyente de la carne de la carne de lo social, que aquellos derechos configura. En primer lugar, porque la figura de lo inhumano está en su concepción "poshistórica", emparentada con otra figura igual de resbaladiza y conflictiva, problemática, como la de lo inhumano: la figura –decía más arriba– del Mal, cuya contraparte o contrapeso, cuyo reverso, como bien sabemos, es el Bien o cualquiera de las figuras que lo simbolicen (como, por ejemplo, la idea de la "justicia infinita" que la administración de George Bush hijo lanzó a los pocos meses de comenzada la segunda guerra contra Irak en nombre, justamente, de la democracia y de los derechos humanos; retomo en breve este punto). No obstante, esta figura del Mal que encarna lo inhumano propio de este (re)pliegue, y en este punto retroceso, del sentido abierto que caracterizan a los derechos humanos, poco o nada tiene que ver, a pesar de las evidentes resonancias con la reflexión arendtiana, con la categoría del Mal o de la banalidad del mal que ella desarrolla en su célebre *Eichmann en Jerusalén*, categoría, de hecho, largamente debatida y explorada, también, en el campo de la teoría y la filosofía política. La banalización del Mal de la que habla Arendt, en efecto, se refiere a la anulación del juicio a propósito de lo que, precisamente, nos hace humanos: el reconocimiento del otro como *otro* ser humano. El Mal que, por ende, caracterizó los actos "inhumanos" de Eichmann durante el régimen nazi, el exterminio y la tortura de los judíos no proviene de la maldad o la monstruosidad que esos actos inhumanos esconden, es decir, de la maldad o la monstruosidad, la inhumanidad, que esconde la propia persona de Eichmann, sino que, muy por el contrario, escribe Arendt en el texto mencionado, son producto de un sistema burocrático que anula el juicio, primordial e insustituible, de los que *es* y *no es* humano, haciendo de ese mal un mal banal, de esa persona un individuo, un ser, absolutamente banal en su maldad, un burócrata al servicio de la banalización del Mal. En otras palabras: si Eichmann cometió los crímenes y los actos inhumanos que cometió, no fue producto del Mal que este último acoge, de su inhumanidad, en última instancia, sino de la suspensión de ese juicio, esto es, de una forma de banalización del Mal que vuelve indistinguible lo "bueno" y lo "malo". Sin embargo, decía, la figura del Mal que en el contexto "poshistórico", y ético, de la concepción humanitaria de los derechos humanos emerge es, en este sentido, bien distinta. No solo porque, precisamente, esta última es el producto de un contexto, el "poshistórico", insisto, distinto al que alimentó la interpretación de Arendt sobre esta categoría (el contexto, recordemos, de la progresiva crisis y desaparición, con el colapso final de la ex Unión Soviética, de los totalitarismos y sus ideologías más densas). Sino porque, y justamente como resultado de esto último, la categoría del Mal es separada o sustraída de los "efectos perversos" de esas mismas ideologías. Así, el Mal es absolutizado y elevado al estatuto de lo impensable o de lo inconcebible, y lo impensable o lo inconcebible, *el Mal absoluto*, no puede ser conceptualizado de ninguna manera, y mucho menos, justamente, a partir de la oposición democracia–antidemocracia (o democracia–regímenes totalitarios, como en el caso del análisis de Arendt), ni a partir de la diferencia entre el Estado de derecho y la violación parcial de este último, y de los derechos humanos que lo constituyen, por caso, en el marco de un Estado autoritario o semi autoritario (como es el caso, por ejemplo, de algunas de las democracias latinoamericanas cuya legitimidad democrática es seriamente cuestionada por los organismos internacionales). Es en este preciso sentido, decía también más arriba, que figuras tales como las de la "justicia infinita", mencionada por el gobierno de EEUU post atentados de 2001, pueden ser lanzadas en defensa de la democracia y de los derechos humanos: porque su defensa no responde al conflicto secular de la política, y de la expresión, sino a la dimensión ética, e insondable, de lo absolutamente Malo o Inhumano, categorías apolíticas y carentes de toda potencia expresiva, en el sentido que aquí utilizamos esta palabra. Lo absolutamente Malo o Inhumano, la absolutización del Mal y de lo Inhumano, lleva así, por ende, al conflicto siempre abierto y a la apertura expresiva de los derechos humanos del terreno inacabado y sin límites trazados, o cuyas fronteras pueden ser siempre re trazadas, del pliegue democrático de la política al terreno relativamente estanco de lo ético o, incluso, de lo teológico político (en defensa de los derechos humanos, y contra el Mal que los crímenes inhumanos de guerra, religiosos y étnicos perpetúan, se ha levantado, en efecto, la bandera de Dios y del destino inexorable y divino de la Libertad democrática: libertad devenida en libertad absoluta y vaciada, también, de toda fuerza expresiva).[27] Al mismo tiempo, y por último, este humanitarismo ético que en las últimas décadas empezó a recubrir *y a falsear* los fundamentos eminentemente expresivos, y políticos de los derechos humanos, absolutizando lo inhumano vía la absolutización del Mal, absolutiza, también, a las víctimas de estas prácticas inhumanas y de ese Mal del que son, justamente, víctimas. La absolutización de estas últimas conlleva, así, al principio más resueltamente corrosivo de esta cosmovisión humanitaria de los derechos humanos: al "derecho a la intervención, justamente humanitaria", que varias naciones y países "ejercen" para defender, entonces, los derechos de estas víctimas absolutas que, en tanto *víctimas absolutas de un Mal absoluto*, necesitan de otro, o mejor aun de otros, que levanten y defiendan esos derechos, derechos de los que no solo carecen sino que, al mismo tiempo, no pueden ni siquiera ejercerlos o elevar su voz para reclamarlos. Porque la víctima absoluta del Mal absoluto, de lo absolutamente inhumano (los crímenes étnicos perpetrados a poblaciones civiles, las violaciones a la libertad de expresión y la persecución política que realizan los regímenes autocráticos que conviven, de algún modo, con algunas de las aristas características de la democracia como régimen político, en el sentido restringido, etc.) no pueden, ellos mismos y por sí mismos, defender esos derechos que, en suma, no pueden sino ser defendidos por *otros*. No obstante, y como lo demuestra la propia experiencia histórica de las últimas décadas, el derecho a la interferencia humanitaria, violatoria del derecho internacional y de los derechos humanos que este último consagra, conforman, naturalmente, un pliegue, *el pliegue ético*, al interior mismo de la política democrática y de las sociedades democráticas contemporáneas, o más ampliamente de la democracia, que socava y corroe sus "principios" fundantes.

---

27. Véase, en este sentido, el próximo capítulo.

Vale la pena, en este sentido y para comprender en toda su dimensión los alcances expresivos, en el sentido de perceptivos, pero suspensivos de la potencia expresiva, en el sentido fuerte del término, es decir corrosivos de las aristas democráticas de la expresión democrática de la política, volver una vez más sobre aquella expresión, justamente, lanzada por Bush hijo post atentados del 2001 y en ocasión del comienzo de la segunda guerra de Irak: la expresión *infinite justice,* o "justicia infinita". Esta última, como sostiene Rancière en un lúcido ensayo sobre el tema, no es la expresión desafortunada, y desafortunadamente corregida, como escribe el propio filósofo francés en aquel texto, puesto que aquella es luego rectificada por la propia administración Bush, de un presidente inexperto en el arte del manejo de los tonos y los matices en el discurso público (esto es, y en una palabra, de la expresión propiamente dicha). Tampoco es, en efecto, el resultado de haber visto demasiados "westerns" que el mismo presidente pidió por el cuerpo, vivo o muerto (*dead or alive*), del mismísimo Bin Laden. Porque, como es bien sabido, en los célebres westerns de la cultura audiovisual norteamericana es frecuente que los *Marshalls* o los *Sheriffs* que las protagonizan, por un lado, y combaten, por el otro, a los asesinos y delincuentes de todo tipo que desafían el orden de la comunidad, arriesguen su propia vida con el objeto de encarcelarlos y, justamente, *hacer justicia.* No obstante, y a la inversa de toda moral westerniana, justicia infinita quiere decir

> justicia sin límites: una justicia que ignora todas las categorías por las cuales el ejercicio de la justicia está tradicionalmente circunscripto: la diferenciación entre la pena o el castigo de la ley y la venganza individual, separación (...) de lo ético o lo religioso (y) separación (en fin) de las formas policiales de la persecución de un crimen de las formas militares de la lucha armada.[28]

Todas estas distinciones, en efecto, se encuentran en aquella expresión, y en los efectos de sus prácticas políticas e institucionales, puestas en duda con la violación de las formas

---

28. Rancière, Jacques: *Moments politiques. Interventions 1977-2009*, Paris, La fabrique, 2009, p. 118. La traducción es mía.

del derecho internacional que adoptan los derechos humanos a través de estas, y con la identificación de los prisioneros de guerra con los miembros de una asociación criminal. Esta violación, por supuesto, está ya implicada en el principio de la "acción terrorista", en la configuración de ese otro (el terrorista) que adopta así "una sola forma de la alteridad: la alteridad del que está 'excluido', que es un otro absolutamente otro: emporio del mal contra el cual toda violencia es legítima"[29] (y anverso del reverso de la víctima absoluta que describíamos más arriba), y un otro o alteridad, a su vez, a la que la política y el derecho le son indiferentes. Sin embargo, el término "justicia infinita" o *infinite justice* –concluye Rancière en el ensayo que estamos citando– "no solo es la respuesta a este adversario, forzada por él. Ella traduce también el extraño estatuto que el borramiento de la política confiere hoy al derecho, dentro de las naciones y entre ellas"[30]. Este borramiento, de hecho, no constituye, ni es, solo y únicamente una característica o una arista *más* de lo que la frase lanzada por Bush *expresa*: es decisiva puesto que implica una nueva forma del anudamiento entre el derecho y el poder (entre la política, en el sentido restringido, y el derecho) que, a diferencia del anudamiento que caracterizó en su época a los regímenes teológico-políticos, las monarquías absolutistas cristianas, e incluso los regímenes totalitarios, supone una nueva e inédita manera de ser, de *expresión* o *estilo* histórico, en el sentido que lo entendemos aquí, de este último y cuya condición saliente es, como lo anticipamos más arriba, que este se produce en el interior mismo del horizonte democrático de la política, es decir de las sociedades democráticas, y que supone por ende un *pliegue* –en el estricto sentido que aquí le damos al concepto, insisto: como pliegue expresivo– y ya no en contraposición explícita a *aquel horizonte o forma de sociedad* cuya condición saliente es que se realiza *en nombre*, precisamente, de la democracia y los derechos humanos. Como desarrollaremos más ampliamente en el capítulo siguiente, en efecto, cuando Lefort describe aquel anudamiento se refiere, esencialmente, al modo a través del cual

---

29. Ibid.
30. Ibid., p. 118

LOS PLIEGUES DE LA DEMOCRACIA

el *ancièn régimen*, pero también los totalitarismos, constituyen al cuerpo social como unidad o como entidad indivisible, desprovista de todo conflicto o división interna. Esta unidad o entidad indivisible, que le da forma, desde luego, a una comunidad política cerrada y replegada sobre sí misma, a un cuerpo político igualmente indiviso, dicho de otro modo, se produce, justamente, porque la ley o el derecho pasan a ser percibidos como encarnaciones, como emanados "naturalmente", de un cuerpo, sea este individual o colectivo: el líder o el ególatra en algunas experiencias históricas de los totalitarismos, el pueblo o el proletariado en algunas otras, o el rey o el monarca en los regímenes absolutistas. Y, tal como indica Martín Plot a partir de Lefort, si bien es cierto que en el primer caso esa unidad es garantizada desde el interior mismo de la sociedad, esto es bajo la forma secular de un colectivo o líder que posee la verdad última de lo social, que *sabe,* por ejemplo, lo que el pueblo quiere porque es su portavoz natural, mientras que en el segundo ese saber o esa verdad, y por ende esa unidad, es garantizada desde fuera: producto del saber o la verdad devenida sagrada o divina: puesto que el rey o el monarca *expresa* la voluntad de Dios, en cualquier caso lo que se produce es el mismo mecanismo: la supresión de la distancia entre la norma, la ley o el derecho, y el poder o, mejor aún, y como escribe el mismo Rancière, lo que de este modo

> se encuentra reducido (es) el espacio de la política que se constituye en el intervalo entre la *literalidad abstracta* del derecho (moderno o democrático, agrego) y la polémica sobre sus interpretaciones. El derecho así consagrado (por tanto) tiende cada vez más a ser el registro de las maneras de vivir de una comunidad: a una simbolización política de la potencia, de los límites y de las ambivalencias del derecho, le sigue la sustitución de esta por una simbolización ética, una *expresión consensual* de la relación entre el hecho de un estado de la sociedad y la norma del derecho.[31]

Esta idea, por otro lado, de una *expresión* consensual de la relación entre los hechos (el estado de la sociedad y su constitución "física y moral", como escribe Rancière) y la norma o el

---

31. Ibid., p. 119.

derecho no debería, desde luego, ser tomada a la ligera. No solo porque, y esto no es mucho más que un dato anecdótico, el filósofo francés emplea el término expresión (consensual, en este caso) para referirse a esta simbolización ética, que sustituye la simbolización política propia del proceso de desincorporación del poder del que habla Lefort y del que hablábamos nosotros más arriba, y cuya aventura expresiva deriva en la configuración de la tradición democrática del pliegue que la política realiza sobre las percepciones comunes o compartidas, sino porque ella refleja, con una lucidez sin dudas distintiva, lo que el pliegue ético, insisto, de la expresión democrática de esta política implica en el ocaso del siglo XX y los inicios del siglo XXI, en términos del debilitamiento mismo de sus dimensiones más características y constitutivas. Lucidez sin dudas distintiva porque no se trata únicamente de una expresión meramente antidemocrática de la política democrática (ya sea una que nace como producto de ese mismo proceso al que hace lugar la aventura democrática: el pliegue totalitario de la política y sus regímenes propios, los totalitarismos, o ya sea la "prehistoria" de esa misma aventura: el horizonte perceptivo, o expresivo, común o compartido que define el estilo teológico de la política, impulsora de la forma de sociedad feudal o absolutista). Se trata, en todo caso y como consecuencia de esto último, de una forma nueva e inédita, decía, de la supresión del intervalo que separa el poder y el derecho propio del proceso de desincorporación del poder que hace posible la "literalidad abstracta" del segundo, en términos de Rancière, o de la expresión propiamente democrática de aquel, en los nuestros.[32] Una forma nueva e inédita de esta supresión porque, para ser más precisos, esta última posee un rodeo, una complejidad. Está hecha de un pliegue, como venimos diciendo, ético que la arrastra hacia el registro propio de lo que Merleau-Ponty llamaría un advenimiento. Este advenimiento, el surgimiento de esta expresión ética de la política democrática que, todavía y *aún*, y a pesar de todo, pertenece a la tradición democrática de esta (no solo porque, insisto, se reclama ella misma en nombre de la democracia, la libertad y los derechos humanos, que esconde, por ende,

---

32. Cf. Capítulo II.

un humanitarismo que deshace la dimensión netamente política del humanismo abstracto de la letra de la Declaración de aquellos, sino porque, además, ella nace, insisto, del corazón mismo de la expresión contemporánea de esta misma tradición, aunque "se esfuerce" por socavar sus cimientos). El advenimiento –decía– que involucra esta expresión ética de dicho pliegue supone varias dimensiones elementales para comprender cabalmente su economía específica. En primer lugar, y como es bien sabido, en la etimología griega *ethos* significa, antes que ámbito de los valores y los principios morales, manera de ser y permanencia (o estadía o estancia, como bien lo remarca una y otra vez en su reflexión ontológica Martín Heidegger). Por lo tanto, con este nombre lo que Rancière quiere destacar de este estilo del pliegue democrático, en nuestros términos, es mucho menos la referencia a los valores y los principios morales a los que ella alude sino, antes bien, la forma en la que esos valores y principios morales (inherentes a toda comunidad o sociedad independientemente de su procedencia, por otro lado) se acuerdan o confunden con el modo de existencia concreto de estas últimas. Así, es en este preciso punto en donde se produce el borramiento del que hablábamos, entre el intervalo siempre inherente a la literalidad abstracta del derecho moderno y democrático y sus interpretaciones, sustrayendo la potencia expresiva (esto, es política) de este, haciendo lugar a un tipo de expresión que la reduce al mínimo, al grado cero de lo político: puesto que constituye, o configura, una "comunidad ética antes que una comunidad jurídico-política".[33] Esta comunidad ética se funda, en efecto, en el principio del Bien que ese acuerdo o confusión, entre determinados valores y principios éticos y el modo de existencia concreto de aquella, realiza. Puesto que lo que este principio del Bien concreta o acuerda es, dicho de otro modo, esos valores y principios con *las maneras de ser* de la comunidad, armonizando la letra del derecho con los nuevos modos de vida, con las nuevas formas del trabajo, las técnicas, la familia o las relaciones sociales. El derecho tiende así cada vez más a "ser el registro" de estas maneras de vivir, y no el terreno fértil para el advenimiento de nuevas expresiones, configurado-

---

33. Rancière, Jacques: *Moments politiques*, op. cit., p. 119.

res de nuevos estilos de la carne de lo social, de estas maneras de vivir, que precisamente la literalidad abstracta de aquel permite y del que la tradición democrática de la política, como vimos, se alimenta. El nuevo anudamiento, por ende, entre el derecho y el poder, la (in)corporación del primero en el segundo se consuma, en este sentido, por la mediación misma que la democracia como forma de sociedad habilita: a través de la *expresión* de estos valores o principios en la figura, el cuerpo, *contingente y arbitrario*, que lo ocupa, es decir que ocupa el lugar "vacío", para decirlo con Lefort, del poder. Es por esto mismo que, en cierto sentido, es relativamente "indistinto" quien ocupa ese lugar, el cuerpo a través del cual esa corporización se *expresa:* porque, para ponerlo en otras palabras, lo que se corporiza son, en rigor, los valores o principios éticos que la constituyen, que se confunden con la comunidad misma, una comunidad, decía, que se erige como una comunidad ética y no política, que se cierra, así, sobre sí misma obturando cualquier tipo de apertura expresiva. No es casual, en efecto, que, para seguir con el ejemplo que venimos desarrollando, el Bien que se eleva como valor fundamental de la idea de justicia infinita, haya sido también evocado por los gobiernos que siguieron a George Bush en los Estados Unidos en su guerra contra el terrorismo, contra ese Otro absoluto, contra el Mal que ese Otro absoluto involucra, por un lado, y, por el otro, que el reverso del anverso de la idea de *infinite justice* haya sido la expresión *United we stand* que, el pueblo norteamericano y sus dirigentes, abrazaron apenas consumados los atentados. Este *Juntos resistiremos* o este *Juntos permanecemos de pie* significa, entonces, lo que esta comunidad ética sostiene, lo que su saturación expresiva implica:

> nos odian –decía el manifiesto que publicó al poco tiempo del 11 de septiembre la ONG *Institute for American values*– por las mismas razones que hacen que prohíban la libertad de pensamiento, ocultar a las mujeres, amar a la muerte. Nos odian porque odian la libertad y porque esta es *nuestra manera de vivir, la respiración misma de nuestra comunidad*.

Es en este sentido, decía también más arriba, que el (re)pliegue ético de la expresión democrática de la política encuentra en la democracia como régimen político una cierta "afinidad electiva", habilitada por lo que antes mencionaba como la mediación democrática misma, por el vaciamiento del poder que esta realiza: porque la incorporación de los valores y principios que forman la carne de la carne de lo social de la comunidad, pero ya no como carne sino como *cuerpo*, aunque no como cuerpo totalmente indivisible, como puede ser el caso del pliegue epistémico o teológico de la política cuyas expresiones históricas hicieron lugar a los dos tipos de regímenes políticos o formas de sociedad ya bien conocidas: los totalitarismos y el absolutismo monárquico. En cierta medida, ese vaciamiento del poder no es absoluto porque aquella no deja de ser, insisto, una expresión, un pliegue, ético de esta, que se produce, en el interior de dicho régimen: los valores y principios –decía– que constituyen esa carne como cuasicuerpo, entonces, pueden ser fácilmente intercambiables entre los diferentes cuerpos que ocupan el poder de turno, porque son *la corporización* de la comunidad toda, porque son su *ethos*, y no la *encarnación* de esta en un individuo o colectivo específico, por una parte y, por la otra, esta encarnación expresa, insisto, esos valores o principios y no una verdad o conocimiento último de lo social, haciendo de este pliegue, una vez más, uno de tipo ético, y no epistémico o teológico político. Es por ello, a su vez, que no es extraño que este estilo de política encarne, en América Latina, otros valores y principios. En esta última, de hecho, el Mal absoluto, el Otro que configura *lo otro* de la comunidad ética que, en la mayoría de los casos de los países latinoamericanos, esta expresión, o pliegue enfrenta no es, de ningún modo, y como en el caso de los Estados Unidos, el terrorismo.[34] Desde hace un buen tiempo, y quizás con más énfasis y ahínco en las últimas décadas, ese Otro o Mal es el que constituyen los populismos, que, si bien en buena medida se emparenta con la amenaza que involucra el primero en Estados Unidos, en la medida en que la libertad, percibida como *ethos* de la comunidad y no como principio político, se encuentra en peligro, posee, insisto, algunas aristas bien distintas. En primer lugar, entonces, se emparenta con la amenaza

---

34. En los últimos años, en efecto, con el ascenso de Donald Trump y, junto con este, de la polarización política, este pliegue ético de la política democrática tomó además, en el país del Norte, algunas dimensiones bien distintivas que complejizan la "localización" de ese otro únicamente en la figura del Mal terrorista. Cf. Último capítulo.

que involucra el "Mal terrorista" porque, una vez más, la libertad expresa, al igual que en el primer caso, "una manera de vivir" y no un principio o una "apuesta política", esto es una expresión de la carne de la carne de lo social que dispute su estilo de *ser carne* con otra, y que anime, por ende, *el conflicto mismo* en torno al ser carne de la sociedad. Dicho de otro modo: si en el primer ejemplo la libertad se identifica con ese ethos compartido de la comunidad, con "la respiración misma" de esta última, en virtud de su identificación sin más entre "un modo de ser particular" del "vivir juntos", "la universalidad del Bien", y "el principio de seguridad y de la justicia infinita",[35] en el segundo caso la libertad se construye a partir de su rechazo a las ataduras o al yugo del "Mal populista" que, de igual modo, viene a amenazar ese mismo "vivir juntos" como producto de la presencia de un Otro que nace y emerge del corazón mismo de esa comunidad y cuya frontera política es, por lo tanto, interna a esta y no externa como en el caso del Mal absoluto que expresa el Mal terrorista. En este sentido, la libertad como principio ético es así corporizada, encarnada, por una identidad nacional (esencializada, esto es que satura el potencial expresivo de esa identidad) que aquel viene a amenazar desde el principio mismo de la historia de esa Nación como identidad cultural pero también política. Las *expresiones* históricas de este pliegue, que estrictamente hablando, como veremos enseguida, asume su estilo eminentemente democrático recién en las democracias contemporáneas, bajo el retorno del pliegue jacobino de la política,[36] son, en efecto, largamente conocidas.

Los populismos clásicos de Brasil, Argentina, México y Colombia: el varguismo, el peronismo, el cardenismo y el gaitanismo son, sin dudas, los ejemplos más paradigmáticos de estas figuras del Mal "interno" que esas expresiones configuran. La universalidad del Bien, no obstante, y como sostenía algunas líneas más arriba, ya no se identifica con el principio de la seguridad y de la justicia infinita sino, antes bien, con el principio de la nacionalidad entendida como *ethos* y con las formas salvajes o bárbaras, plebeyas,

---

35. Rancière, Jacques: *Moments politiques*, op. cit., p. 93.
36. Cf. Capítulo V.

que anidan en ella desde sus orígenes.[37] No se trata, sin embargo, de un salvajismo o una barbarie que responda, necesariamente, a condiciones étnicas, o que su exclusión de ese *ethos* nacional y la traza de su frontera política se erija en virtud de una *Verdad* que refleja la esencia de la Nación sino, en todo caso, de un *valor*, el de la libertad, que *esencialmente es* el principio sobre el cual *hay* comunidad, y cuyo despliegue se ve obstaculizado por la presencia fantasmal, *y carnal*, de ese otro que no permite su devenir bajo la forma del Bien universal. La libertad, dicho de otro modo, es vaciada de su condición política, y expresiva, a partir de la consideración de los populismos como un escollo ético para la organización de la vida colectiva (de allí, en efecto, que, al igual que en el caso del terrorismo, esta consideración derive en la partición de la comunidad, ya sea bajo la frontera interna o externa de esta última, entre el polo del Bien y el polo del Mal). Y si bien es cierto que, justamente en el marco de los populismos clásicos, esta política tuvo una expresión netamente antidemocrática, puesto que en todos los casos su experiencia histórica resultó mayormente en los golpes de Estado que detuvieron los procesos democráticos en sus diferentes países, lo que sin dudas resulta relevante es la inauguración de una *Stifung*, esto es, de un nuevo pliegue de la política, que, como sostenía más arriba, adoptó plenamente su estilo democrático, en tanto pliegue de la expresión democrática de aquella, en el contexto de las democracias contemporáneas.[38] En estas últimas, no obstante, la percepción de los populismos como su Mal endémico, las características, dicho de otro modo, de este pliegue ético posee también algunas aristas distintivas en relación con esa *Stifung* de la que es heredera. En primer término, y como resulta relativamente evidente, porque el Bien que expresa la libertad como principio ético, como *ethos* de la comunidad o del vivir juntos, no supone la interrupción de las instituciones más básicas de la democracia: el sufragio universal y la alternancia en la ocupación del poder político. Se configura a sí misma en conti-

---

37. Para una historia detallada y rigurosa de la forma que adopta esta política en Argentina, véase el libro de Ernesto Semán: *Breve historia del antipopulismo*, Buenos Aires, Siglo XXI, 2021.

38. Véase, sobre este último punto, el próximo capítulo.

nuidad con la aventura histórica, y expresiva,[39] que involucra la desincorporación del poder o el desanudamiento de este último del cuerpo o individuo que lo ocupa. En segundo término, y por esto mismo, se reclama defensora de los derechos humanos y de la democracia como régimen político (en su sentido restringido). Y, por último y más importante aun, ese principio del Bien, asociado al imaginario de una República perdida, es deudor del principio de la transparencia y de la corrupción que el Mal populista representa. Así comprendido, este principio del Bien se solapa, por ende, con aquel *ethos* comunitario, con el vivir juntos, que aquel imaginario de la República encarna y cuya virtud ética es, entonces, la transparencia, la honestidad y lo otro de la corrupción de los populismos que socavan, desde esta perspectiva, las democracias contemporáneas en América Latina. Y, asimismo y como veremos en el capítulo V, la expresión ética de la política democrática se pliega a la tradición jacobina de la polarización política, constituyendo un estilo o expresión, un pliegue nuevo o inédito, de la propia democracia y de su política.

---

39. Cf. Capítulo II.

CAPÍTULO IV

El pliegue teológico-político.
Los populismos

L a larga y densa historia que contornea la vida de los países
en América Latina revela, sin dudas, la emergencia de uno
de los estilos o expresiones más singulares, más específi-
cos, de la tradición o de la *Stifung*, del pliegue democrático de la
política: la que instituye las singulares y particularísimas experiencias que conocemos con el nombre de populismos. Es cierto,
no obstante, que cuando se trata de delimitar, o simplemente de
identificar estas experiencias y nombrarlas como tales, esto es
como *populistas*, justamente, varios puntos quedan, como sostiene
Rancière a propósito de Aristóteles y el inicio de su *Política* en
ese crucial texto de 1995 intitulado *La Mésentente*, "oscuros". En
primer lugar, porque el término mismo que las designa, el término
populismo, aparece en el debate público, *hoy* como *ayer*, revestido
de diversas capas de sentido, lo que lo ubica no solo en un sitio
privilegiadamente polémico y nodal en dicho debate, al menos
desde su surgimiento a mediados del siglo XX, sino porque, además, ese mismo sitio y esas mismas capas de sentido que lo recubren, de diversa índole y, en algunos casos, hasta contradictorias
entre sí, insisto, lo desplazan, a su vez, hacia una verdadera zona
gris en lo que concierne a su definición como fenómeno político.

Así, por ejemplo, populismo puede querer decir, en este contexto, cosas bien distintas. Empleado como sinónimo de gobiernos con una fuerte impronta en la implementación de políticas
asistencialistas, o con un marcado corte o contenido social y, junto

con ello, caracterizados por un decisivo protagonismo del Estado en el mercado y en la vida pública, aludiendo así a una definición o a una comprensión más netamente económica del fenómeno; o bien como sinónimo de experiencias políticas atravesadas por liderazgos o líderes demagogos y con una alta capacidad de manipulación de la ciudadanía, sobre todo de los estratos que se ubican en los márgenes de la sociedad o de la estructura social, vía, nuevamente, la fuerte participación del Estado y, en especial, de la puesta al servicio de las herramientas institucionales para ello por parte de los diferentes gobiernos de turno, por caso; o bien como sinónimo, sin más, de un estilo gubernamental distintivamente autoritario, autocrático o, en el peor de los casos, fascista, el término recorre –decía– un amplio y variado arco semántico en la discusión público-política. Sin embargo, y como bien sabemos, este amplio y variado arco semántico no solo afecta, o convierte al populismo, en un hecho político eminentemente ambiguo en la comprensión de su sentido en el marco de los debates públicos de las democracias latinoamericanas, aunque, desde luego, no solo y únicamente de estas últimas. El propio campo de la teoría social y política se encuentra, desde la emergencia misma de las experiencias populistas, afectado, *preso*, de esta ambigüedad comprensiva que hace del mismo un fenómeno intrínsecamente resbaladizo.

Como bien sabemos, en efecto, al menos por estas latitudes, es decir en las tierras en las que, los populismos clásicos, surgieron y vieron la luz por vez primera, en América Latina, el primero en reflexionar a propósito de esta experiencia política fue el sociólogo, italiano de nacimiento pero devenido argentino prontamente, puesto que es en Buenos Aires en donde este desarrolla su etapa más temprana como intelectual y como exiliado de su país natal, producto de la expansión de la estela fascista o totalitaria en Europa, hecho que lo marcará de por vida; el primero –decía– en reflexionar a propósito de los populismos, y en particular del primer peronismo, fue el sociólogo Gino Germani. De formación eminentemente funcionalista, una formación que, dicho sea de paso, no escapa de ningún modo, sino que por el contrario estaba en plena consonancia con la época, Germani observa e interpreta a este último, insisto, desde la matriz teórica que conforma el funcionalismo. En este sentido, sostiene que tanto el peronismo en Argentina como los fascismos europeos son entendidos como una etapa o un período "inherente" a las sociedades "atrasadas", "tradicionales" o todavía "no tocadas" por los beneficios más ostensibles de la modernidad capitalista, esto es, como parte de las crisis y los dilemas que las transformaciones en la estructura social, sobre todo, produjeron en esta última. Son, dicho de otro modo, parte del proceso de industrialización y de modernización que, en cada contexto y en cada sociedad, y respondiendo a las características y condiciones de cada una de ellas, las atraviesan. Un proceso, en efecto, en donde juega un papel fundamental el líder de dichos movimientos, puesto que es quien, según la perspectiva de Germani, los lidera, justamente, y con ello lidera, a su vez, el advenimiento de las masas a la esfera propia de nuestros tiempos modernos, la política o la pública, y cuyas características distintivas son, al menos, dos: la manipulación ideológica de estas últimas por parte del líder, por un lado, y la conformación de ese vínculo (entre masas y líder, insisto) y de ese advenimiento "bajo el signo del totalitarismo". La segunda reflexión o aporte que, también desde la sociología argentina, llega un tiempo después de la del propio Germani es la que constituye el ya clásico texto de Juan Carlos Portantiero y Miguel Murmis: *Estudios sobre los orígenes del peronismo.* A diferencia del primero, Murmis y Portantiero intentan comprender el fenómeno desde una matriz teórica bien distinta: inscritos, ambos, en la corriente marxista proponen, en cambio, una reflexión mucho más anclada en las mutaciones que, en los años previos al peronismo, sufrió la clase obrera o el proletariado, en sus diferentes expresiones: la vieja clase obrera anterior a la industrialización por sustitución de importaciones que caracterizó las décadas posteriores a 1930, y la nueva clase obrera que emerge, justamente, como resultado de este proceso industrializador a principio de siglo en Argentina. De este modo, y en franca oposición a Germani, ambos autores esbozan lo que es, quizás, la primera interpretación más estrictamente sociológica, y menos "ideológica" del fenómeno. Es necesario, no obstante, esperar hasta la década del '70 para encontrar la que es, en este sentido, la contribución más estrictamente teórico-política sobre la comprensión del populismo en general, y del peronismo en particular. Me refiero, desde luego, a la contribución de Ernesto Laclau y a su texto, también ya clásico, *Política e ideología en la teoría marxista: capitalismo, fascismo, populismo*. Más estrictamente teórico-política, en este punto, no solo porque ella escapa, desde luego, al análisis funcional, por un lado, y a la mirada más sociológica sobre el mismo, apuntalada, como decía, en el estudio de las transformaciones en la clase obrera argentina sino porque, a su vez, su reflexión se apoya, ya en este temprano texto de fines de los setenta, en la comprensión de los populismos como un fenómeno eminentemente político y, en este sentido, más específicamente democrático o, al menos y como veremos enseguida, instituyente de la democracia o de los procesos democratizadores contemporáneos en los países latinoamericanos. No es casual, en efecto, que uno de sus libros más célebres, *Hegemonía y estrategia socialista*, lleve como subtítulo, justamente, *Hacia una radicalización de la democracia*.

Y es esta, de hecho, la idea, el concepto o la propuesta teórica que, sin ir más lejos, despertó, precisamente en el campo de la teoría y la filosofía política, aunque no únicamente puesto que sus aportes y sobre todo su defensa en los últimos años de las experiencias populistas clásicas y de principios de este siglo, encontraron también un eco sin dudas importante en el debate público; es esta idea, concepto o propuesta teórica –decía–, la que despertó, entonces, en ambas instancias una serie de respuestas y encendidas polémicas. Ya a los pocos años de publicado lo que conforma el texto inaugural y crucial de su pensamiento político, el célebre y ya mencionado *Política e ideología en la teoría marxista*, sus colegas y compañeros de ruta, Emilio de Ípola y Juan Carlos Portantiero, asiduos interlocutores de su obra y de su reflexión teórica, escribieron lo que constituye la primera crítica y, al mismo tiempo, una de las críticas fundantes de aquellas respuestas y polémicas que la producción del intelectual argentino generó, y aun genera con igual ahínco, a varios años de su muerte. Una de las críticas fundantes, insisto, porque su vigencia permanece, sin dudas y todavía, a casi cuatro décadas de su aparición como texto, intacta en muchos y diversos sentidos (volveremos enseguida sobre esto). En *Lo nacional popular y los populismos realmente existentes,* el ensayo al que estoy haciendo referencia, Portantiero y De Ípola plantean, en primer lugar, la distancia que según ellos separa esa reflexión teórica sobre la experiencia populista en América Latina y la realidad de esta última, esto es su existencia histórica o lo que los autores denominan, justamente, los populismos *realmente existentes*. No se trata, no obstante, de comprender esa distancia o diferencia a través de la simplificación dicotómica que separa a la realidad de la teoría, a la historia del "mundo de las ideas" o la praxis teórica. Se trata, por el contrario y tal como ponen de relieve los autores en el texto, de realizar en algún punto aquello mismo que se realizó y aún se realiza para el análisis de las experiencias socialistas, esto es, de realizar el mismo ejercicio que ve al socialismo en sus formas "realmente existentes", justamente, como fenómeno histórico-político, por ende, y no solo en sus formas discursivas, lo que supone en efecto la incorporación en el análisis de "sus manifestaciones históricas" y, si se me permite, más específicas. Y es precisamente la incorporación de esta dimensión en dicho análisis, la de la reflexión de las manifestaciones históricas de los populismos, esto es el estudio de sus formas discursivas *y a su vez* realmente existentes, insisto, lo que lleva a los autores a elaborar su crítica más profunda, y sin ir más lejos más duradera desde que fue sugerida, de la interpretación laclausiana del fenómeno populista, y más en particular del peronismo y, especialmente, de su vocación de inscribirlo en la tradición (en la *Stifung*) democrática de la política, emparentándola, casi en un gesto de saturación expresiva, con la política (o lo político en sus términos), esto es con lo democrático mismo (de allí, si se quiere, la idea de la democracia radical o de la radicalización de la democracia que, una década más tarde Laclau formula en *Hegemonía y estrategia socialista*, aunque con algunos matices en relación con *Política e ideología en la teoría marxista*, como veremos enseguida, pero cuya vigencia perdurará hasta el final de su recorrido como teórico político). Esta crítica, decía, se dirige y tiene como principal objeto, en efecto, *la expresión*, o *el estilo* de antagonismo, que caracteriza al populismo o, en sus propias palabras,

> a la forma de planteamiento de los antagonismos dentro de lo nacional-popular: el populismo constituye al pueblo –sostienen los autores en aquel ensayo de 1981– como sujeto

sobre la base de premisas organicistas que lo reifican en el Estado y que *niegan su despliegue pluralista*, transformando en oposición frontal las diferencias que existen en su seno, escindiendo al campo popular a base de la distinción entre "amigo" y "enemigo".[40]

Como bien sabemos, en efecto, el concepto de antagonismo, y su valor heurístico para comprender el fenómeno populista es, para Laclau, una herramienta decisiva. Este último, no obstante, no se mantuvo, como resulta lógico y esperable en cualquier reflexión teórico-política cuya vocación comprensiva sea permeable a los avatares de la propia teoría y de los propios fenómenos a los que alude, intacto y sin variaciones a lo largo de su obra. En este sentido, si bien es cierto que en un principio, sobre todo y fundamentalmente en su texto inaugural de fines de los '70, en el ya mencionado *Política e ideología en la teoría marxista*, aquel concepto constituye la piedra angular de su argumentación teórica, deviniendo, de este modo, el clivaje entre el bloque de poder o dominante y el pueblo el antagonismo que explica esa escisión del campo popular, pero también del campo social todo, a base de la distinción amigo y enemigo, tal y como señalaban de Ípola y Portantiero, esa importancia parece soslayarse en favor del concepto de hegemonía y de un despliegue pluralista del primero –como le criticaban, justamente, estos últimos unos años más tarde, en aquel otro texto clásico que ya en su título augura ese desplazamiento, en *Hegemonía y estrategia socialista*– no obstante –decía–, Laclau no solo nunca se desprende, de ningún modo, de aquella categoría y, en consecuencia, de lo que él percibe como su indiscutible valor heurístico, insisto (valor, por otro lado, que paradójicamente se encuentra quizás mejor y más sofisticadamente explicado en el texto que escribe en los '80, en *Hegemonía y estrategia socialista*, en donde desarrolla una aguda y lúcida revisión de aquella noción en su comparación con la concepción hegeliana, marxista y clásica de la diferencia y la oposición o el antagonismo, que en el de los '70, en *Política e ideología en la teoría marxista*), sino que, en rigor, ese indiscutible

---

40. de Ípola, Emilio: "Lo nacional-popular y los populismos realmente existentes", en *Investigaciones políticas*, Buenos Aires, Nueva Visión, p. 23.

valor heurístico y, a su vez, la importancia que ella reviste para el autor argentino se pone de manifiesto con mayor énfasis en el último tramo de su recorrido intelectual y muy especialmente en lo que configura, quizás, su texto definitivo: *La razón populista*. Si tomamos, de hecho, al pie de la letra el título de este último, *la razón* (o las razones, como veremos enseguida) que explica(n) al populismo como fenómeno político son, en primer lugar y ante todo, la escisión de la sociedad, o mejor aun y en nuestros términos, la percepción del cuerpo social como cuerpo dividido, esto es, como cuerpo atravesado por el antagonismo, nuevamente, entre amigo y enemigo o bloque de poder, o bloque dominante y pueblo. Ahora bien: ¿qué es, para Laclau, el antagonismo? Un concepto, evidentemente y como venimos diciendo, pero, al mismo tiempo o más allá de ello, una característica o dimensión fundamental, *una expresión carnal* –volveremos enseguida sobre esto– de los populismos. Es decir: el antagonismo como frontera política que divide a la sociedad en dos polos opuestos, el del campo popular y el del campo del poder o del enemigo, es una expresión o un pliegue de la política (la democrática) o, lo que es lo mismo, de la configuración perceptiva del horizonte común, en términos de Plot, que organiza la vida colectiva, un pliegue o una torsión singular, en nuestras palabras, de la carne de la carne de lo social. Y es aquí, en efecto, en donde pueden comenzar a verse sin mayores dificultades y con una claridad algo más profunda los efectos –valga la redundancia– de la observación que tanto De Ípola como Portantiero le realizan a Laclau a propósito de la diferencia entre los populismos como fenómeno discursivo y como experiencias *realmente existentes.* Puesto que, y en primer término, el antagonismo, o si se prefiere un vocablo más afín a nuestros días, la polarización política (volveremos también sobre esto enseguida) que hace de la percepción del cuerpo social la percepción de un cuerpo dividido, no puede, de ningún modo, ser enunciado, justamente, en singular o, lo que es lo mismo, comprendido como lo comprende Laclau en términos tan estrictamente formalistas, o discursivos. Dicho de otro modo: no existe, en "sus manifestaciones históricas" o en sus formas "realmente existentes", un solo y único estilo, o expresión, de la polarización política o el antagonismo (como expresión o estilo, como pliegue, a su vez, de la política y, más en particular, de la expresión democrática de esta última).

Es esto mismo, de hecho, lo que algunas décadas más tarde Gerardo Aboy Carlés señala con toda rigurosidad, y en estricta continuidad con este planteo de aquel texto de de Ípola y Portantiero, en un ensayo intitulado, justamente, *Populismo y polarización política*.[41] Allí, entonces, Aboy Carlés identifica, al menos, dos expresiones o estilos realmente existentes, históricos, de esta última. Nacida en el seno de la Revolución francesa, o más precisamente en el período conocido con el nombre de "El Terror", la primera expresión o estilo *realmente existente*, insisto, del antagonismo o la polarización política es la expresión o el estilo jacobino. Comúnmente asociada, errónea y paradójicamente, a los populismos clásicos, el estilo o la expresión jacobina del antagonismo es, según Aboy y muy por el contrario, propia de las identidades revolucionarias como, justamente, fue el jacobinismo con Robespierre a la cabeza en la Francia de fines del siglo XVIII. Su principal característica es, en este sentido, la institución de una frontera política que, al mismo tiempo que divide al cuerpo social en dos polos o partes antagónicas, el Pueblo y sus enemigos, fija esa frontera de modo tal que la percepción de la división de la carne de la carne de lo social en un cuerpo dividido es no solo constitutiva de esa división, como lo es, en efecto, cualquier expresión, torsión u operación perceptiva, sino que aquella es, justamente, fijada como una *condición* carnal de lo percibido, como el *único* estilo de ser carne, dicho de otro modo, del cuerpo social y no como una expresión o estilo *posible* de ella. Es por ello que, tal y como sostiene Aboy en el texto mencionado, si bien para el imaginario revolucionario del inicio del proceso francés (aquel identificado, nuevamente, con el período del "El Terror") se podían haber cometido crímenes y excesos de diverso tipo, esto no suponía ni conllevaba, de ningún modo, "a revisar o moderar aquella separación fundante que (lo) había animado", esto es, "la frontera irreductible" que separa al Pueblo de sus enemigos. Lo que

---

41. Aboy Carlés, Gerardo: "Populismo y polarización política", en *Identidades políticas y democracia en la Argentina del siglo XX*, Sebastián Giménez y Nicolás Azzolini (coords.), Buenos Aires, Teseo, 2019.

LOS PLIEGUES DE LA DEMOCRACIA

no implica, sin embargo, que esta frontera irreductible no pueda ser, a lo largo de determinado tiempo o con el devenir propio del fenómeno político, ampliada o reducida en vistas de la "reducción" del campo del Pueblo y la ampliación, por ende, del campo del "enemigo". Es decir: nuevos actores podían caer, lenta y persistentemente, como lo demuestran de hecho los acontecimientos que siguieren a la toma de la *Bastille* a fines del siglo XIX, en el campo de este último, es decir, ser *percibidos* como antagonistas del Pueblo luego de haber sido percibidos, justamente, como partes de este. Así, por caso, desde los emigrados iniciales a los *Feuillants*, de estos a los girondinos y los exagerados de Hébert o los indulgentes dantonistas, "el torrente revolucionario", como llamaba Camille Desmoulins, víctima, precisamente, de esta radicalización y de esta ampliación del "campo del enemigo", fue capaz de alcanzar hasta a los propios integrantes del polo "jacobino".[42] No obstante, decía, la torsión, operación o pliegue expresivo que caracteriza a este estilo *realmente existente* de antagonismo es la percepción de la carne de la carne de lo social como cuerpo dividido, infranqueable e irreversiblemente dividido, por aquella frontera que si bien, insisto, puede reducir, en virtud de un juego de radicalización de la propia identidad popular, el campo del Pueblo achicándose el horizonte que separa dicha frontera y la complejidad, la diferencia (volveremos sobre esto más adelante) de este último, jamás puede ser borrada o superada puesto que ella misma es percibida como *la forma carnal* de la sociedad cuya superación conlleva al declive de la propia identidad revolucionaria. Esta operación, torsión o pliegue expresivo es, para ser más precisos, el que configura la percepción de la parte del Pueblo como el Todo de la sociedad, operación o torsión que reduce la totalidad del cuerpo social, el *populus,* a la *plebs* en tanto *única* parte o polo legítimo.

Existe, sin embargo, una segunda expresión o estilo del antagonismo o la polarización política, es decir de los antagonismos o las polarizaciones políticas *realmente existentes*, que Gerardo Aboy desarrolla e identifica en el texto mencionado. Se trata, en efecto, del antagonismo o la polarización propiamente populista.

---

42. Tomo este ejemplo del texto que vengo citando de Aboy Carlés.

Asociada, insisto, en sus versiones realmente existentes con los populismos clásicos de América Latina: el varguismo en Brasil, el peronismo en Argentina y el cardenismo en México, esta última posee, a diferencia de la primera, una diferencia sustantiva. Si bien es cierto que la división o la escisión del cuerpo social persiste como expresión del conflicto político, esto es como un estilo de ser carne de lo social que hace de la pluralidad de perspectivas que constituyen y configuran su textura, una escisión o una división dicotómica que, para retomar esa vieja fórmula de Kantorowicz que Lefort recupera frecuentemente para hablar, justamente, de los regímenes teológico políticos, es decir de las monarquías absolutistas, supone, no ya la encarnación o la corporización de la unidad de lo social en el cuerpo del Rey, siendo la cúspide, su cabeza, sino que, al contrario, implica la encarnación o la coporización de esa división o escisión bajo la forma de un cuerpo (dividido o escindido, insisto) de *dos* cabezas que encarnan, precisamente, los dos polos o campos que antagonizan.

Ahora bien, decía, si bien es cierto que la corporización de esta división o escisión se produce, entonces, en ambos estilos o expresiones de los antagonismos realmente existentes, la diferencia sustantiva entre el estilo jacobino y el estilo populista de aquella no remite, únicamente, a su contexto histórico o las condiciones de su emergencia y desarrollo. Es decir: no solo la primera se produce y emerge en el siglo XVIII en plena Revolución francesa, sobre todo y, fundamentalmente, en el período de "El Terror", que se caracterizó, precisamente, por la exacerbación de los antagonismos, mientras que la segunda surge en pleno siglo XX, particular y específicamente en Latinoamérica, sino que, principalmente, esta última hace de esa escisión o división un juego pendular que borra y escribe, reescribe y deshace esa frontera que separa *una parte* del cuerpo social de la otra. Esto es, en efecto, lo que destaca Gerardo Aboy Carlés en su diferenciación entre ambas expresiones de la polarización o el antagonismo: lo que las distingue, sostiene Aboy en aquel texto, es la constante inestabilidad del *demos* de los populismos, el juego de Penélope propio de estos, ese tejer y destejer la línea que separa al pueblo de sus enemigos. Esta torsión singular de la expresión populista de la polarización política, este "tejer y destejer" la línea que separa al pueblo de sus enemigos, y que *distingue* la operación perceptiva de esta última tiene, en los períodos de anudamiento de la *plebs* al *populus*, esto es en la ampliación (y no en la reducción) del polo del pueblo y en la integración en este a los "viejos enemigos", antes percibidos como sus antagonistas, su rasgo característico. Así, por ejemplo y para retomar uno de los casos que frecuentemente desarrolla el intelectual argentino, en el peronismo clásico la solidaridad nacional que constituía a la identidad peronista era reducida y plegada a lo popular en su lucha contra el enemigo: la oligarquía, por caso, achicando la frontera política que delimitaba a esta última y, por ende, asimilando, no sin cierta "violencia expresiva", al *populus* o al todo a la *plebs* o a una parte parcial, la antagonista del Poder, de la comunidad reponiendo la escisión o división "original" o fundacional del peronismo (aquella que, como bien señala Aboy Carlés, remite al mito del 17 de Octubre y a la movilización a favor de su líder, Juan Domingo Perón, luego de su encarcelamiento por el régimen militar del que él mismo formaba parte como gobierno y, más precisamente, como Secretario de Trabajo). Sin embargo, y al mismo tiempo, esa misma frontera política que en determinados contextos podía achicarse o fijarse corporizando la percepción de la carne de la carne de lo social como cuerpo dividido, era susceptible, bajo otras condiciones o en el marco de circunstancias que así lo ameritaban, confundirse con los límites de la comunidad toda, o al menos ampliar considerablemente su extensión u horizonte, incluyendo al adversario, o eventualmente a una parte de estos que antes eran percibidos, justamente, como integrantes del campo antagónico del Pueblo (logrando, de este modo e insisto, *ampliar* los límites de la *plebs* al punto tal de que estos se confundan, o tiendan a tocarse, *sin tocarse nunca efectivamente*, como dos asíntotas, con los límites del *populus* o del Todo).

Sabemos bien, empero, que esta distinción que introduce Aboy entre los distintos estilos o expresiones de los antagonismos realmente existentes, el jacobino o el revolucionario, heredero fiel de la Revolución francesa, por un lado, y el estrictamente populista, con fuertes resonancias en los populismos clásicos de América Latina, por el otro, se inscribe en, y no elude de ningún modo, el largo derrotero de polémicas, desvíos y sentidos que, como mencionábamos más arriba, rodean y recubren al concepto de populismo o, para decirlo de otro modo, al populismo como fenómeno político. De hecho, y más allá de la crítica inicial de de Ípola y Portantiero (sobre la que volveremos enseguida), el formalismo de la posición de Laclau no estuvo exento, en buena medida, del propio movimiento pendular que anotó, como también anticipamos más arriba, a esta última en ambas caracterizaciones de los estilos o expresiones de los antagonismos realmente existentes: al inicio de su trayectoria, sobre todo y fundamentalmente en *Política e ideología en la teoría marxista*, supo identificarlo, por caso, con la matriz revolucionaria o jacobina de aquellos, poniendo el énfasis en la inmovilidad o la rigidez de la frontera política divisoria o escindente de la carne de la carne de los social en dos polos corporizados en un cuerpo de dos cabezas: el pueblo y el bloque de poder o el enemigo; para, casi una década más tarde, en *Hegemonía y estrategia socialista*, más precisamente, comenzar a desplazarse desde la última categoría, que en este célebre texto de mediados de los ochenta pierde fuerza, aunque sin desprenderse nunca de ella, por supuesto, hacia la de hegemonía dando paso a una visión plural (hacia allá vamos) del estilo antagónico propiamente populista para, en fin, volver en su último gran libro, *La razón populista*, a su interpretación original de este último identificándolo con la expresión revolucionaria o jacobina del antagonismo que fija la escisión del cuerpo social en dos polos cuyas diferencias son percibidas como irreconciliables y haciendo de esa escisión o división, en efecto, uno de los dos grandes pilares de su reflexión a propósito del populismo (como, decía, ya había dejado en claro en su primer esbozo en *Política e ideología en la teoría marxista*).

De hecho, y para retornar al argumento del inicio, es esa vuelta a su interpretación original lo que lo lleva, creo, a efectuar otra de las grandes reducciones de su formalismo teórico: el de la asimilación entre populismo y democracia (o democratización o democracia radical, en sus términos) o, lo que es lo mismo, entre lo político y el populismo. Y ello por diferentes motivos. En primer lugar porque, a la luz de esta interpretación, renovada pero "repetida" en sus aristas más decisivas, la división del cuerpo social, su expresión como un cuerpo escindido, involucra siempre, justamente y como ya fuera teorizado en aquel primer gran texto de fines de los setenta, el antagonismo entre el orden instituido, el marco institucional vigente de la sociedad, o lo que Laclau llama en aquel ensayo "el bloque de poder", y el sujeto "pueblo" como polo antagonista de este último. Es decir, más allá o más acá del contenido, digamos "ideológico", del fenómeno populista (y, en este sentido, el propio Laclau no niega en absoluto que este pueda constituirse como tal alrededor de una cadena equivalente de demandas más típicamente identificadas con los populismos de derecha o, a la inversa, alrededor de uno de izquierda), la emergencia del sujeto Pueblo, el sujeto político *par excellence* de la política y del populismo, involucra siempre alguna forma de ruptura con aquel orden o marco institucional o, puesto de otro modo, con el campo de representación o el horizonte perceptivo, *con el universo expresivo*, en nuestros términos, que configura y constituye la carne de la carne de lo social. En efecto, el argumento del autor argentino no es, en absoluto, un argumento *ex nihilo* sino que, por el contrario, es quizás su aporte decisivo en términos de la comprensión de los populismos. Puesto que, para tomar solo un ejemplo, si ajustamos la mirada y nos enfocamos en el que es, quizás, el caso más ilustrativo de la reflexión de Laclau, el del peronismo clásico, esta ruptura fundacional, el mito de fundación de este último, está sin dudas presente en la fecha que, insisto, constituye el mito fundacional del fenómeno peronista: el de la movilización de los trabajadores hacia la plaza de Mayo el 17 de octubre de 1945. Movilización que, como bien sabemos, supone la entrada triunfal de los sectores populares a la vida público-política de la Argentina de mediados de siglo.

No obstante, y como destacamos más arriba, es en buena medida esta misma comprensión y teorización de la ruptura típicamente populista, relacionada e íntimamente vinculada al estilo de antagonismo que teoriza Laclau, lo que muestra, en efecto, el déficit formalista de su reflexión política. No solo porque, como dije, no existe, ni hay, una sola y única expresión de la polarización o el antagonismo, sino que, más importante aun, el estilo o expresión de este último que identifica y *distingue* al fenómeno populista es, como bien remarca Aboy, aquel que pendula, inscribe y reinscribe, la frontera política que separa al cuerpo social en dos polos, al Pueblo de sus enemigos y, con ello, inscribe y reinscribe aquel momento de fundación o ruptura. Esto es, de hecho, lo que el propio Gerardo Aboy denomina, en su desarrollo de este estilo de antagonismo, como el momento regeneracionista de los populismos: el momento, dicho de otro modo, en donde la percepción del *populus*, o el todo de la sociedad tiende a tocarse o a coincidir sin tocarse o coincidir nunca *efectivamente*, con los límites de la *plebs* ampliando y desplazando, por ende, aquella frontera que divide la percepción de la carne de la carne de lo social como cuerpo escindido o de dos cabezas. Este momento, incluso, se parece mucho más a la expresión, al pliegue o a la torsión teológica de la política –volveremos enseguida sobre esto– de los regímenes absolutistas de las monarquías cristianas en la medida en que esa división o escisión deja paso a la percepción de lo social bajo la forma de la unidad indivisible, pero siempre pasible de ser vuelta a dividir, sin embargo, de un cuerpo social con *una sola* cabeza, cuyo cuerpo del rey en el primer caso, y el del líder populista en el segundo, encarna esa unidad del *populus* que esquematiza Kantorowicz. Esta observación a propósito del momento regeneracionista del fenómeno populista y, más específicamente, de la expresión o el estilo de polarización o antagonismo que lo distingue es, decía, lo que revela el formalismo de la reflexión laclausiana puesto que, si volvemos a la temprana crítica de de Ípola y Portantiero de principios de los '80, los populismos realmente existentes, empezando por el propio peronismo, hizo de ese momento pendular entre regeneracionismo y ruptura, entre división y escisión del cuerpo social y reinscripción de esta como "comunidad organizada", al decir de Perón, o como cuerpo "transitoriamente" indiviso, *su propio estilo* de antagonismo.

Ahora bien, y para volver una vez más a esta temprana, insisto, pero lúcida crítica de dos de los más importantes pensadores de la vida intelectual argentina, es en esa singular y única confusión, en el doble sentido de la palabra, como indistinción o mezcla, entre ruptura y regeneración, división y unidad (in)divisa, pero al mismo tiempo como error o falta de precisión de Laclau para identificar esto mismo, en donde puede verse en toda su dimensión, en efecto, la torsión, como anticipé, teológica de los populismos como fenómenos nacidos en el interior mismo de las democracias o, mejor aun, el pliegue teológico que, en tanto expresión o estilo democrático de la política los caracteriza (esto es: en su condición de configuradores de un pliegue o estilo inédito de la torsión democrática de la carne de la carne de lo social). No solo porque, como resulta evidente, esta indistinción o movimiento pendular entre regeneracionismo y ruptura, entre frontera que divide y frontera que se desplaza y une supone, como bien señalan de Ípola y Portantiero en su ensayo del '81, una fase "organicista de la hegemonía" cuyo aspecto regeneracionista en los populismos realmente existentes, justamente, puede reactivar sedimentos teológicos para su realización como tal invocando a Dios o simplemente a algún tipo de elemento sagrado sino que, más allá o más acá de ese momento regeneracionista (o eventualmente de ruptura), el pliegue o la torsión teológica de la política democrática es la que caracteriza la economía singular de la expresión populista del antagonismo y, más ampliamente, de los populismos como pliegue al interior mismo de las democracias contemporáneas. Creo, en efecto, que este pliegue o torsión teológico-política que define al mismo tiempo que distingue este estilo o expresión del antagonismo y, más ampliamente, a los populismos realmente existentes, está ya, si bien no explicitado en estos términos pero cuanto menos sugerido y, desde mi perspectiva, contorneado en sus principales aristas, en este mismo ensayo que venimos citando de de Ípola y Portantiero. Este último, de hecho, es el germen de un nuevo texto, que escribe el primero de ellos casi tres décadas más tarde, en donde el propio autor vuelve sobre esta cuestión decisiva: la del lugar del líder –como el lugar, el *locus*, agrego– de este pliegue o torsión típicamente teológica de los populismos: "El liderazgo carismático –escribe de Ípola en este último texto– es a la vez lo esencial y *el toque de distinción* de todo populismo triunfante".[43]

Bastaría, no obstante y en primer lugar, precisar los motivos que, tanto en el primer ensayo del '81 como en el segundo,

---

43. de Ípola, Emilio: "La última utopía. Reflexiones sobre la teoría del populismo de Laclau", en Claudia Hilb (comp.) *El político y el científico. Ensayos en homenaje a Juan Carlos Portantiero*, Buenos Aires, Siglo XXI, 2009, p. 205.

más reciente, llevan o inducen a de Ípola y Portantiero, primero y luego al segundo en ocasión de un homenaje, justamente, al primero, a reservarle este lugar, por un lado "esencial" y a la vez "toque de distinción", de todo populismo. Según los autores, en efecto, el fenómeno populista descansa no solo en la institución de un estilo de antagonismo específico, ya descrito, y descrito de hecho por el propio Laclau, sino también y fundamentalmente en lo que ambos denominan "el pacto de origen" de este último. Este pacto supone, en verdad, mucho menos un acuerdo o consenso en torno a determinados valores o principios entre el líder y sus "liderados" sino, antes bien, un tipo de operación perceptiva, torsión o pliegue, insisto, que convierte al primero, a su cuerpo, como diría Kantorowicz, en un cuerpo doble: mortal y finito, humano y terrenal pero, a su vez, *providencial*,[44] a imagen y semejanza, como encarnación, del pueblo. Esto es, sin ir más lejos, lo que el mismo Laclau desarrolla y argumenta, aunque con elementos distintos y sin su "inevitable corolario crítico", en *La razón populista*. Allí, como sostiene particularmente de Ípola en su último ensayo sobre el tema, el autor argentino dedica todo un apartado, intitulado "nominación y afecto", en donde defiende esta dimensión inherente e intrínseca a los populismos: la de "la necesidad de incorporar una singularidad", cuya "modalidad por antonomasia" es una individualidad, la del nombre propio, esto es la figura del líder. No solo para "darle" unidad al Pueblo en el momento de la ruptura, de la reducción del *populus* a la *plebs*, es decir en su enfrentamiento o antagonismo con el "bloque de poder", "el poder" simplemente o las instituciones vigentes, sino también para percibir ese cuerpo como el todo del cuerpo social, en el momento de la ampliación de los límites de la *plebs* a los del *populus*, esto es en su momento regeneracionista: la presencia de líder –escribe de Ípola en "La última utopía"– desequilibra, en su favor, el ejercicio de la hegemonía": en él se deposita, dicho en otras palabras, "la palabra decisiva". Y la palabra decisiva no es, en rigor, la palabra dicha en el momento justo, como diría Hannah Arendt, sino la palabra que, insisto, "desequilibra" el ejercicio de la hegemonía, es decir, lo que Gerardo Aboy caracteriza

---

44. Ibid.

LOS PLIEGUES DE LA DEMOCRACIA

como el tejer y destejer, el movimiento pendular, típico del estilo populista del antagonismo. Con las reservas del caso, en rigor, puesto que Portantiero y de Ípola emparentan el momento regeneracionista de los populismos: el momento de la "fetichización" del pueblo en el Estado vía la encarnación de aquel en el líder, con la fase final de estos últimos, y no como parte del péndulo regeneracionismo/ruptura, división, escisión y reinscripción de esta última a través del desplazamiento de las fronteras políticas. Varios ejemplos históricos sirven, en este sentido, para ilustrar con toda claridad esta decisión última, "la palabra decisiva", sobre el cual descansa, en última instancia, el horizonte perceptivo que configura tanto el estilo de antagonismo como la propia identidad política de los populismos. Tanto en el momento de gestación del peronismo, entre 1944 y 1946, como en los años posteriores a estos, Perón no se privó en ningún momento de afirmar "el carácter incontestable y casi perentorio de sus directivas políticas". En efecto, en varios de sus discursos de esos mismos años, como así también de la etapa final de su vida, algunos meses antes de asumir su último mandato presidencial, fue el propio "caudillo" quien solicitó primero "confianza" y luego "fe" en su persona y en la del gobierno que presidía, no sin agregar, en un mismo movimiento, que pediría quizás alguna vez "ayuda" a las clases trabajadores, pero ello "solo si fuera necesario". *En un mismo movimiento*, digo, puesto que ello se producía al mismo tiempo que, sobre todo entre 1944 y 1946, tenía lugar la ruptura o la escisión fundacional del peronismo. De hecho, y como es bien sabido, es en uno de los momentos más críticos de este momento de ruptura o escisión fundacional en donde Perón pronuncia su célebre frase, "regeneracionista" por antonomasia, "de casa al trabajo y del trabajo a casa". En este punto, y como destacaba más arriba, es este lugar o locus del líder el que le reserva la palabra decisiva en relación con el juego pendular que, en diferentes circunstancias, adopta el antagonismo y la identidad política populista, como pliegue o torsión singular de la carne de la carne de lo social, como expresión, a su vez y dicho de otro modo, del estilo democrático de la política, lo que socava el propio pluralismo, y por ende la carnalidad misma de lo social, su apertura expresiva intrínseca, que aquella política viene a "garantizar", vía la reducción de su multiperspectividad a la perspectiva *única* del líder, que *encarna* así al "sujeto Pueblo" tanto en su momento "puro" como *plebs* como en su momento "hibrido o extendido" como *populus*.

En efecto, este lugar o locus del líder que, como vemos, de ningún modo es accesorio o secundario en relación con este estilo de antagonismo que define a los populismos, en su economía pendular, como sostiene Aboy, y por ende no es secundario ni accesorio al propio fenómeno populista como tal, solo puede ser comprendido en su cabal lugar, valga la redundancia, es decir en el carácter carnal de este último y, asimismo, en su dimensión erosionante de la expresión democrática de la política –sin por ello, como sostuve, dejar de ser un pliegue o torsión al interior de esta misma– a partir del surgimiento "providencial", como sostiene de Ípola, de aquel líder o "caudillo" o, en nuestros términos, a partir de la torsión teológico-política que este surgimiento y ese lugar suponen.

Faltaría, en este sentido, atender o precisar con algo más de profundidad las características que convierten, para citar una vez más a de Ípola, a este último en "una individualidad seductora y clarividente que sabe cuándo ha llegado su momento". Por supuesto que esas características no pueden comenzar a ser comprendidas en su sentido o, mejor aun, en su trama expresiva y/o perceptiva sino es a través de ese concepto, medular y fundador de la sociología comprensiva, y más ampliamente de la sociología a secas, que es el carisma (no olvidemos, pues, que de hecho es el propio de Ípola el que define al líder populista como un líder carismático y, de ningún modo, como "un personaje mediocre y grotesco" como solía definir Marx a Luis Bonaparte). Sabemos bien, en efecto, que para Weber, cultor y artífice del concepto al que aludimos para comprender este estilo o expresión de liderazgo que, a su vez, es estilo y expresión de un estilo o expresión de la carne de la carne de lo social (la que surge de la política a la que hacen lugar los populismos) posee una raíz teológica, la de la teología cristiana, que es explicitada apenas en las primeras líneas de su célebre definición sobre la dominación carismática: "el concepto de carisma (gracia) –escribe el autor en *Economía y Sociedad*– se ha tomado de la terminología del cristianismo primitivo" y, más precisamente –agregamos nosotros– de las epístolas de Pablo de Tarso, más célebremente conocido como San Pablo. Es en estas últimas, en donde el santo cristiano enumera y define al menos veinte tipos distintos de carismas o *charis*, que es en rigor el término técnico específicamente paulino. Estos son definidos, en cualquier caso, como "gracias especiales que el Espíritu Santo distribuye libremente entre los fieles de todo tipo y con los que los capacita y dispone para asumir varias obras y funciones". Entre ellas, no casualmente, la función de gobierno. Dicho de otro modo: más allá o más acá de que estas funciones y obras a las que la *charis* o el carisma contribuye con su gracia específica o don singular, con las que *agracia* o *dona*, justamente, a los fieles de la comunidad cristiana, en todos los casos se trata de un modo, una forma, de contacto o cercanía excepcional con la sustancia divina. Esta cercanía que, insisto, es en primer lugar destacada por el propio Weber en su primera definición no se reduce, desde ya, solo y únicamente a su uso, su "posición", si se me permite la palabra, o su surgimiento en la teología cristiana o, más precisamente en el cristianismo primitivo de las epístolas de San Pablo. Es en este sentido que la observación de Weber a propósito de esto último (que aparece apenas como una especie de nota al pie en el cuerpo del texto) posee resonancias mucho más profundas en la propia categoría weberiana. En primer lugar, porque es el mismo Weber el que reconoce el carácter "extraordinario", o "por lo menos específicamente extra cotidiano y no asequible a cualquier otro", y por ende "condicionado mágicamente en el origen" de esta cualidad que, según el autor, abarca o supo abarcar a lo largo de la historia de las comunidades, de las premodernas a las modernas, tanto a profetas como a hechiceros, a árbitros como a jefes de cacería o a caudillos militares. De hecho, es en virtud de esta última que el guía, líder o jefe es considerado "en posesión de fuerzas sobrenaturales o sobrehumanas".

Sabemos, no obstante, que la sociología de Weber no es una teología, por un lado, y que dicha sociología, por el otro, no busca determinaciones objetivas sobre los fenómenos sociales, o en este caso eminentemente políticos. De allí, si se quiere, la importancia del par conceptual que acompaña, como al resto de las dominaciones, a la dominación carismática y, en particular, a la categoría de carisma: el concepto de legitimidad o "validez" de esta última. Esta legitimidad o validez, dicho de otro modo, no descansa en ninguna condición "venida de otro mundo", inmanente a la persona o a la individualidad del profeso: no se trata, en otras palabras, de una cualidad que *exprese*, como pensaría San Pablo o su teología, *efectivamente* un contacto o cercanía con la sustancia divina, pero tampoco resulta, a la inversa, de las condiciones objetivas de la personalidad de quien se unge o es ungido como jefe carismático o líder. En este sentido, Weber lo dice, lo escribe, y lo aclara una y otra vez a lo largo del texto: la validez o la legitimidad del carisma descansa en su "reconocimiento" por parte de los adeptos, cuyo reverso es la percepción de ese reconocimiento como "un deber", una "misión", que resulta en "la entrega personal y llena de fe" de estos últimos, y del propio líder, sobre todo, cuya percepción se inscribe en la de los "dominados" como "llamado" a cumplirla, tanto como la de estos es inscripta en la del primero, justamente, como carisma, cualidad "sobrehumana", en el estricto sentido en el que la entiende Weber (volveremos enseguida sobre esto), o extra cotidiana: "Ningún profeta –escribe el sociólogo alemán– ha considerado su cualidad *como dependiente* de la multitud, ningún rey ungido o caudillo carismático ha tratado a los oponentes o a las personas *fuera de su alcance* sino como *incumplidores* de un deber".[45] Esto es, en efecto, lo que podríamos llamar la reversibilidad (siempre incompleta o "nunca realizada –de hecho–", como solía describirla Merleau-Ponty) del pliegue o la torsión teológica política del liderazgo populista, intrínsecamente constitutivo de los populismos: ni totalmente exterior a la percepción de los "adeptos", y por ende estrictamente objetiva, o intrínseca al líder, como quisiera una psicología de tipo más "positivista", o enteramente sagrada o divina, como quisiera la teología, ni totalmente interior a aquella y por ende puramente subjetiva, o dependiente de la piscología de estos: el proceso de "comunización" del carisma del que habla Weber describe, así, esta complejidad intersubjetiva, *carnal y reversible*, que caracteriza al fenómeno carismático del populismo.

---

45. Weber, Max: *Economía y sociedad. Esbozo de una sociología comprensiva*, Madrid, Fondo de Cultura Económica, 2002, p 194.

Es posible, no obstante, llevar incluso este mismo razonamiento más lejos: si bien es indudable que, al menos en los textos reunidos en *Economía y Sociedad*, el autor alemán está pensando, cuando elabora este tipo puro ideal de dominación, la carismática, en los casos del ungimiento de los reyes en las monarquías absolutistas cristianas (aunque, por supuesto, no únicamente puesto que los ejemplos que menciona son variados y profusos, llegando incluso a destacar los casos de los líderes de las monarquías chinas o incluso de los chamanes o de muchos de los jefes de las comunidades premodernas, insisto), lo cierto es que en ningún momento se le escapa la expresión moderna o, mejor aun, democrática de aquella. Creo, en efecto, que el desarrollo, particularmente del concepto de carisma, alcanza todas sus virtudes interpretativas, fenomenológicas, si se me permite, en este último caso. Puesto que esta doble condición que lo constituye, su reversibilidad en tanto cualidad extracotidiana percibida y que percibe, que es vista como tal y al mismo tiempo que ve, se inscribe, en lo visto: bajo la forma del deber o la misión de los adeptos, y del propio líder para con ellos, muestra su afinidad electiva con la forma democrática de la sociedad y, más particularmente, con su pliegue teológico político: el surgimiento "providencial" del jefe o líder populista cuyo cuerpo actúa como cuerpo mortal, humano y semi divino, que garantiza la unidad del Pueblo tanto en su momento puro como (semi) encarnación de la *plebs*, como cuerpo dividido, o en su momento "extendido" como *populus*, como (semi) encarnación del cuerpo social en su conjunto. Como semi encarnación, insisto, de cualquiera de los dos momentos que caracterizan el movimiento pendular del estilo populista del antagonismo porque lo que, justamente, no garantiza su encarnación lisa y llana, como en efecto sucede en los casos de las monarquías absolutistas cristianas, por ejemplo, es la imposibilidad de saturar su sentido profano con su sentido divino, esto es el proceso histórico por el cual el carisma se seculariza, es decir la conversión de la *charis* en, precisamente, carisma (y no, insisto, su percepción como *charis*) o, dicho de otro modo, la propia aventura democrática y expresiva de la que surgen, en palabras de de Ípola, *providencialmente* los jefes o los líderes de los fenómenos populistas en las democracias: a través de aquel reconocimiento, entre lo sagrado y lo secular, entre lo terrenal y lo divino, de la cualidad carismática vía las elecciones y la garantía última de estas cuyo corolario es la separación definitiva entre el poder, el derecho y el saber (lo que no implica, por supuesto, que esta separación sea violentada y el carisma retorne como *charis* en la percepción de los adeptos y del líder cuando el fenómeno populista muta hacia algunas de las expresiones autoritarias de la vida social y política).

En buena medida, esto último es lo que distingue a los populismos (siempre en el sentido que aquí estoy desarrollando) de los totalitarismos: si bien los primeros se mantienen, en este punto, como un pliegue o torsión *al interior* mismo de las democracias, como pliegue o torsión, por ende, de la expresión democrática de la política, los segundos no pueden sino ser exteriores, un pliegue o torsión *sui generis* de esta última, como bien supieron destacarlo varios de los teóricos políticos más importantes del siglo XX, entre ellos Claude Lefort y Hannah Arendt. No solo porque, en efecto, ambos comprendieron al fenómeno totalitario como una reacción, como el resultado, de las transformaciones propias del proceso histórico que deriva en la institución de la democracia como régimen político, en su sentido amplio sino porque, al mismo tiempo, los populismos clásicos, o al menos aquellos surgidos en el contexto latinoamericano, nacieron y surgieron *como parte* de aquel proceso y no en franca oposición a este. De hecho, los líderes populistas en América Latina, desde Getulio Vargas hasta Cárdenas y Perón, fueron elegidos por el voto popular, en ocasiones constituyendo incluso una excepcionalidad en la propia historia de las democracias latinoamericanas (Perón, por ejemplo, fue electo luego de un gobierno militar en Argentina, del cual él mismo fue parte, al igual que Vargas, por caso, cuya elección, en el '34, fue marcada por la participación de las mujeres por primera vez en la historia de Brasil, al igual que en el caso de Perón, nuevamente, quien hizo lo propio impulsado fundamentalmente por la figura de Evita, con la sanción del voto femenino en el '47). Y si bien es cierto que en los totalitarismos, al menos en el caso del liderazgo de Mussolini en Italia y Hitler en Alemania, se consiguieron cargos públicos vía el voto popular, en todos ellos la estricta separación entre el derecho, el poder y el saber fue borrada muy rápidamente a través de la disolución de los respectivos Parlamentos y el ejercicio eleccionario (algo que, en efecto, solo sucedió, en los populismos latinoamericanos, en el caso de la última presidencia de Vargas). Ahora bien: es evidente que no se trata, no obstante, solo de la consideración de estos datos históricos y, en todo caso, de la valoración del principio de la desincorporación del poder para la comprensión, y la distinción, de ambos fenómenos políticos o del pliegue o estilo de la política que los constituye. Creo, en este punto, que la diferencia, aunque sutil y no del todo definida o consolidada, borrosa y plagada de matices, consiste justamente en la torsión o pliegue que explica el estilo o la expresión de aquellos como estilos o expresiones de la carne de la carne de lo social, y por ende de lo que las constituye como, insisto, políticas. Mientras la torsión o pliegue de los primeros es epistémica, lo que satura el lugar del líder como poseedor de una verdad que "solo él puede *revelar*", en el caso de los segundos la legitimidad, como diría Weber, de este último está en la percepción de la *charis* como carisma, en la idea de una *charis* de tipo secularizada. Está claro, sin embargo y de allí la muchas veces difícil diferenciación entre el fenómeno populista y el fenómeno totalitario, que el segundo no solo no está exento, como destaca una vez más Lefort en varios de sus textos, de la institución de un liderazgo, un líder, que funciona o hace las veces de cuerpo doble, de cuerpo mortal y humano, y de cuerpo que encarna la totalidad del cuerpo social, lo que, en efecto, el filósofo francés denomina con el concepto de ególatra; la diferencia decisiva –decía– entre aquellos es, para decirlo de otro modo, la *expresión* o el *estilo* del carisma que configura a cada uno de ellos. Así, en la medida en que los totalitarismos, insisto, son un pliegue epistémico de la política, y por ende de la carne misma de lo social, la expresión o el estilo carismático que funda este liderazgo es la percepción de esta cualidad extra cotidiana o extraordinaria, al decir de Weber, como la cualidad o la característica extraordinaria o extra cotidiana de acceder a la verdad de lo social, a su razón "última" (una verdad o una razón, desde luego, también secularizada o profana). Es por esto que, decía, esta percepción del carisma del ególatra como "portador de la verdad o del saber de lo social" tiende a saturar y converger con un tipo de reincorporación del saber, un re anudamiento entre saber y poder, mucho más potente que el de los liderazgos populistas, en donde el carisma es percibido como un deber o una misión que se "disipa si el agraciado carismático parece abandonado de su dios o de su fuerza mágica o heroica (...) o si su jefatura no aporta ningún bienestar a los dominados". No es casual, en este punto, que los totalitarismos hayan comenzado con algún tipo de mecanismo plebiscitario y hayan podido rápidamente vuelto a anudar el saber, el derecho y el poder vía diferentes mecanismos antidemocráticos, mientras que los populismos realmente existentes nunca prescindieron de aquel mecanismo manteniendo siempre, en cierta medida, la separación de estos principios, es decir del derecho, el saber y el poder, sobre todo y fundamentalmente cuando, justamente, la percepción de su carisma comenzó a resquebrajarse (tal es caso, por ejemplo, de Juan Domingo Perón cuyo final del segundo gobierno, que culmina en el golpe de Estado de 1955, no derivó en su radicalización y en el intento de instauración de un régimen político eminentemente totalitario).

CAPÍTULO V

El pliegue contemporáneo.
Polarización política y fascismo aspiracional

Plástica. Maleable. *Reversible*. Plegable. La democracia, para parafrasear esa hermosa y lúcida expresión de Marx a propósito del valor de la mercancía, *no lleva escrito en la frente lo que es*. Y ello muy a pesar de la insistencia, aquí y allá, del mundo académico y político, intelectual y periodístico, por adjuntarle una etiqueta sobre lo que *efectivamente* es o, peor aun: sobre lo que *debería* ser. Analistas de coyuntura, columnistas políticos, politólogos, hombres y mujeres de la cultura, dirigentes políticos (y la lista sigue) desde hace ya un buen tiempo se lanzaron a la cruzada, para nada sistemática pero sí al menos bastante generalizada, que pretende, insisto, ponerle a la democracia un corsé que esta no tiene y que la ata, en efecto, a sus formas más banales o superficiales, aunque no únicamente, desde luego. Sabemos bien cuál de estas formas se ha transformado, desde hace también un buen tiempo, en su ejemplo, *en la ilustración* más paradigmática de esta exaltación de nuestro régimen político por excelencia en Occidente: aquella que la reduce, justamente, a su *mera* forma institucional, esto es que la emparenta a una concepción abstracta del Estado de Derecho y del sufragio universal. Este formalismo excesivo de sus contenidos y mecanismos institucionales, de las aristas que sin dudas la constituyen pero que apenas si la describen y de ningún modo la agotan, es con seguridad el que marca el pulso, el ritmo, de los debates públicos, de las agendas y los conflictos que hoy en buena medida moldean, incluso performativamente, a las sociedades democráticas contemporáneas. Más profundamente, este último consiste en concretar ese doble movimiento que antes mencionaba: por un lado, insufla de modo radical la idea de un Estado de Derecho casi elevado al carácter de ordenador último de la vida social, impermeable, por ende, a los avatares, las necesidades y las demandas de una parte, en muchos países mayoritaria, de la sociedad civil cuya dinámica ningún Estado de Derecho puede, en rigor, condensar. El Derecho, dicho de otro modo, adopta aquí la rauda tarea de convertirse, en los hechos, en un reflejo de un estado de cosas, o de hechos, justamente. El respeto por la norma, por la Ley y por las formas instituidas de estas últimas se vuelven casi "un mantra" repetido una y otra vez hasta el hartazgo en detrimento de cualquier articulación nueva o inédita entre Estado y Derecho, o más ampliamente entre la sociedad civil y el primero, y con ello de institución de nuevas expresiones de la democracia y del propio Derecho.

Por otro lado, pero en paralelo, su principal mecanismo de legitimación del poder, su más básico pero al mismo tiempo nodal expresión histórica y carnal de la separación entre este último y el Derecho, precisamente, sufre los embates de esa banalización, que incluso en algunos casos bien puede reflejar el costado anverso de su potencia: su rutinización como práctica encastrada y demasiado separada de la vida privada de los ciudadanos y ciudadanas como hombres y mujeres integrantes de una misma comunidad política. En efecto, *banalizar* el voto o el sufragio universal puede aparecer exactamente bajo su contrario: como la exaltación de sus efectos por fuera de sus implicancias concretas. La democracia, dicho de otra manera, no se reduce, de ningún modo, al mecanismo plebiscitario de los representantes "del pueblo" aunque este sea, sin dudas, el "principio" de mínima, o al menos su expresión histórica más cercana (la democracia representativa), de su puesta en sentido y en escena como estilo o forma de sociedad en donde el lugar del poder se presenta, en nuestra contemporaneidad, como lugar vacío. Las dos puntas, no obstante, de este formalismo excesivo se unen de un mismo lazo: el gesto que hipostasia el voto o el sufragio y el que vuelve dogma el Estado de Derecho terminan por vaciar a las democracias actuales de su dimensión más estrictamente deliberativa en lugar de vaciar de esta el lugar del poder, o bien de expresar su lado quiasmático: el de la separación entre este último y el Derecho, vía diferentes estilos o "formas realmente existentes" de esta desincorporación, para recuperar el concepto de Lefort, o distancia entre uno y otro. El deber ser de las democracias, y su ser o esencia, se muestran de este modo no solo definidas de antemano sino transparentes a sí mismas. Las democracias más perfectas, como bien supo identificar Aristóteles en los inicios mismos del pensamiento político, son aquellas que mejor se ajustan a este tipo puro ideal de democracia "formal y abstracta", a este formalismo que conjuga el formalismo del sufragio y del Estado de Derecho. En el debate público, en efecto, los ejemplos que ilustran esta concepción formalista y esencialista de la democracia suelen ser, por ende, aquellos en donde ambas puntas del lazo se unen en forma inmediata: países como Chile o Uruguay en Sudamérica, por ejemplo, acaban casi siempre ocupando ese lugar privilegiado pero, como vemos, "repleto de sutilezas metafísicas" (como escribía, una vez más, Marx a propósito de la mercancía).

Empero, este formalismo en exceso no describe, en su totalidad, estas "sutilezas metafísicas" que, como veremos más detalladamente enseguida, le adjudican a la democracia una esencia, un *ser,* que en rigor a esta *le falta* o simplemente no tiene. Si, en buena medida, la expresión más cabal de esta mirada tiene en la ciencia política "*mainstream*", en la visión institucionalista de la política o, mejor aun, de la democracia, su plaza reservada, la racionalidad dialógica habermasiana tiene también sus "representantes ilustres" en el llano de la arena política contemporánea. Esta racionalidad dialógica de interlocutores que se suponen siempre iguales y, precisamente, racionales, es lo que en el último tiempo conocimos, en este mismo plano de la disputa política contemporánea, bajo el nombre de consenso. Los auto denominados consensos, en efecto, hicieron lugar a muchos de los regímenes democráticos del último medio siglo: basta recordar, sin ir más lejos, el célebre Pacto de la Moncloa entre los principales actores de la vida política española, a fines de la década del '70, la denominada transición en Argentina en la década del '80, y la también proclamada transición al sistema democrático en Chile, en los '90. No obstante, y en primer lugar, todos estos procesos carecieron, si se me permite la definición, de un clima *efectivo* de consenso, y mucho menos de la construcción de un diálogo y un debate que supusiera la igualdad y la racionalidad de los actores involucrados en ellos. El caso de nuestro país es, sin dudas y en este sentido, paradigmático. No solo porque la mal llamada transición argentina no fue un proceso lineal, exento de diversos conflictos y, asimismo, cargado de la incertidumbre que el propio régimen político nacido en el '83 lleva, como cualquier régimen democrático, como su marca de origen y su espectro, para decirlo con Derrida, sino porque aquella afrontó, precisamente, el rechazo de algunos de sus actores, en particular de las fuerzas armadas, que con diferentes acciones (ley de autoamnistía y levantamientos) se opusieron a la nueva autoinstitución que la nueva forma de sociedad, en ese mismo momento, se estaba dando y otorgando a sí misma.[46]

En la actualidad, sin embargo, por consenso entendemos algo bien parecido y al mismo tiempo bien distinto de los "supuestos" consensos que permitieron el surgimiento de varias de las democracias de nuestros días. Bien distinto porque, por un lado, el llamado al consenso evoca hoy mucho menos que la titánica empresa que supuestamente estuvo involucrada en las transiciones de los regímenes dictatoriales a los regímenes democráticos. Bien parecido porque, por el contrario, los restos de este universo expresivo que suspende o enmascara el conflicto político y la puesta en escena, en sentido y en forma, como diría Lefort, de las propias sociedades democráticas en nombre de la racionalidad del diálogo entre actores igualmente racionales e iguales permanece como su fundamento último. En la década de los ochenta y noventa, principalmente, este consenso estuvo encarnado por la concepción escatológica del fin de la historia y de la unión natural e inmediata entre la sociedad de mercado y la democracia liberal en su sentido restringido. El famoso y evocado libro de Francis Fukuyama, cuyo título es, justamente, *El fin de la historia y el último hombre*, es la encarnación más cabal de la lógica consensual de suspensión de la deliberación pública, y de

---

46. Sobre este punto, me permito hacer referencia a mi texto: "1983. La ruptura democrática", en *Revista Resistencias,* Chaco, UNCAUS, número 1.

la interrogación de los principios jurídicos y políticos que moldean y configuran *el estilo o los pliegues* de las democracias en Occidente. América Latina, especialmente, fue quizás la región que más sufrió el peso del triunfalismo consensual entre economía de mercado y democracia liberal que dominó el universo expresivo de los países democráticos durante aquellas décadas. La concepción consensual de la democracia, en suma, nos entrega, así y en un mismo movimiento, el anverso, el deber ser, y el reverso, la esencia, de estas últimas: si la racionalidad es la que determina el diálogo y la discusión pública en los regímenes democráticos, si la constitución de un espacio público, institucional y político cuyos actores son por esencia iguales y racionales, configurando esta su propia esencia como régimen, aquella racionalidad es la que traza, siempre según esta mirada o perspectiva, su horizonte deseable, su deber ser como sistema político.

En el último tiempo, no obstante, a aquella vocación formalista, en su doble sentido, de esencialización de la democracia y de reducción de su lógica a la lógica consensual que reduce esa esencia o su deber ser a esta racionalidad del diálogo, por un lado, y a la coincidencia entre el hecho y el Derecho, por el otro, empujando "a la postración y al ostracismo" a la deliberación pública, disminuyéndola casi a su grado mínimo, *cero*, comenzó a ser resquebrajada por la emergencia de un pliegue singular y específico de las democracias de nuestros días: la expresión jacobina o contemporánea de estas últimas. Heredera –como vimos en el capítulo anterior– del jacobinismo francés del último cuarto del siglo XIX, expresada y vuelta a expresar una y otra vez por diferentes y variadas experiencias históricas, mayormente aquellas que se autopercibieron a sí mismas como, justamente, revolucionarias (comprendiendo dicha expresión o tradición, por ende, desde las experiencias de la Revolución rusa hasta las más cercanas y palpables experiencias de la guerrilla armada en América Latina, entre ellas el propio peronismo revolucionario de los '60 y '70 en Argentina), en la actualidad –decía– este pliegue jacobino o contemporáneo de nuestras democracias posee una expresión *histórica*, *contemporánea,* precisamente, que tiene en los denominados líderes anti-sistema, desde Trump a Bolsonaro en Estados Unidos y Brasil hasta Milei y Meloni en Argentina e

Italia, respectivamente, su más fiel y consistente reflejo. Gestos ampulosos, una verba excesiva y desmedida, discursos eminentemente excluyentes de las minorías, en algunos casos hasta misóginos y racistas, las nuevas derechas, como suelen etiquetar en los distintos ámbitos (intelectuales, periodísticos, académicos) a estos nuevos movimientos, en todos los casos se trata, no obstante, de estilos de liderazgos que, insisto, abrevan y se alimentan de la economía jacobina de la política. Lo que los define, dicho de otro modo, es mucho menos su calidad de *outsiders* de la política, como suelen presentarlos en aquellos ámbitos, sino su estilo jacobino de liderar y percibir, de torsionar y plegar la carne de la carne de las sociedades democráticas contemporáneas, tensando y poniendo al límite su propia condición reversible (hacia allá vamos). En efecto, su calidad de *outsiders* es mucho menos la causa o el factor que explica su surgimiento, y que en consecuencia los define, sino por el contrario el resultado del propio universo expresivo que el antagonismo jacobino del conflicto político que estos ponen en juego en la escena público-política, *compone como música*. En todos los casos, y más allá incluso de las heterogéneas posiciones ideológicas en la que cada uno de estos liderazgos se ubica, bien distintas entre sí, es dicho estilo de liderazgo, y su economía jacobina, insisto, lo que los agrupa y, digamos, los *distingue* de otros estilos de liderazgo (como el populista, como también ya vimos). Solo basta, de hecho, con revisar los tres casos más ilustrativos que dominaron la escena política en América del Norte y Latina en los últimos años para capturar esta heterogeneidad ideológica que, más allá del mote de nuevas derechas, los describe.

Trump, por caso, es un acérrimo defensor de la industria norteamericana, proteccionista, por ende, a la hora de aplicar políticas públicas que se enmarcan en la reactivación de viejos sedimentos nacionalistas que reducen el todo del pueblo norteamericano a una *plebs* privilegiada, cuya expresión paradigmática es la idea de la "supremacía" de la población blanca (desde el *redneck* del interior profundo del país del Norte hasta los empresarios más acaudalados de Wall Street, pasando por el segmento social que constituye, según William Connolly, su verdadera base social: *the white working class people*, esta idea de un "ideal" del norteamericano promedio se expande en el universo expresivo de Trump a costa, incluso, de muchas de las minorías que también lo apoyan con su voto aunque, paradójicamente, se vean afectadas por dicho universo y sus consecuencias). El célebre *Make America Great Again*, desplegado a diestra y siniestra en la primera (y segunda) campaña electoral del (ex)primer mandatario estadounidense no es otra cosa, sin ir más lejos, que la condensación más densa de este ideal y de su carácter normativo pero, fundamentalmente, de su carácter configurador de la carne de la sociedad y de la democracia del país del Norte: "volver a hacer grande a Estados Unidos" es mucho menos una consigna generalista que llama a que este último vuelva a ocupar su lugar decisivo, único, en la geopolítica mundial como primera potencia indiscutida, y mucho más una manera específica de referirse a esa vuelta (el *again* de la frase) como una vuelta a un *determinado* estilo de ser carne de aquellas (volveremos enseguida sobre esto).

Bolsonaro, por su parte, se muestra, al menos durante su primer mandato como presidente de Brasil y en la última campaña electoral que lo vio derrotado frente a Lula, como un liberal ortodoxo, defensor del libre mercado, o de la libertad más simplemente, al punto tal de hacerse ver como un firme defensor de la portación libre, justamente, de armas (una de sus primeras medidas fue, de hecho, la flexibilización de las regulaciones y requisitos que la permiten; en este sentido, como resulta evidente, el bolsonarismo se acerca, aunque por razones bien distintas, a algunas de las aristas ideológicas del trumpismo). No obstante, insisto, un buen número de características los separa a pesar de esta cercanía parcial entre el primero y el segundo. El pragmatismo político, la flexibilidad de sus propios principios e ideologías es, en este punto, uno de ellos: a pesar –decía– de su férrea defensa del liberalismo económico y ortodoxo, o incluso de sus críticas o denuncias a las políticas asistencialistas del lulismo, el último tramo de su presidencia estuvo marcado por la expansión de estas últimas.

Por otro lado, y como bien sabemos, Milei en Argentina expresa, en lo que constituye sin dudas el caso más reciente de estos nuevos estilos de liderazgos revolucionarios o jacobinos, una novedad en lo relativo a la dimensión más estrictamente ideológica de este fenómeno político: ajeno, según él mismo reconoce, a la ortodoxia o a la corriente *mainstream* de la cosmovisión liberal del mundo, y ajeno también a las inclinaciones más industrialistas o proteccionistas de la economía, el líder del flamante partido La Libertad Avanza se autopercibe como un liberal *libertario* cuya utopía, si se me permite la palabra, está marcada por el advenimiento de la autodenominada "revolución libertaria" cuya meta máxima es la reducción del Estado a su condición mínima (o incluso a su supresión *in limine*). En este sentido, la revolución, o el jacobinismo de este último, insisto, compone una música a todas luces más transparente en su propio universo expresivo que la de sus primos hermanos, ya sea que se trate de Trump o Bolsonaro en Estados Unidos o Brasil, de Boris Johnson o Meloni en Inglaterra o Italia.

De todos modos, y en cualquier caso, es justamente este universo expresivo típicamente jacobino o revolucionario, decía más arriba, el que encuentra en la actual inercia o vocación formalista de nuestras democracias contemporáneas el terreno más fértil para combatir, y rebelarse (contra), para cultivar, y cultivarse (contra), ese doble filo consensualista de la racionalidad del diálogo y de la coincidencia entre el Derecho y los hechos que aquella vocación moviliza. Varios puntos, en este sentido, resultan decisivos para comprender cabalmente el vínculo entre los primeros y esta última. En primer lugar, y como destacaba también más arriba, dicho universo expresivo convoca y evoca aquello que en el último tiempo parece haber lesionado, por su ausencia y desplazamiento hacia su grado cero, o mínimo, los sistemas democráticos de Occidente, o al menos de aquellas democracias más maduras: la instancia de la deliberación pública, aunque exacerbando, no obstante, aquello que le da sentido: el conflicto político.

Desde luego que la intensificación del conflicto político no representa, en sí mismo, una novedad de las expresiones que adopta la conversación o la discusión en la esfera pública. Lo que, empero, constituye una singularidad de esta intensificación del conflicto político es, insisto, su economía jacobina y, más en particular, el estilo del antagonismo que esta reactiva: el de la reducción del *populus* a una *plebs* o a una parte de la comunidad social y política, dividiéndola en dos o más polos, haciendo de esta un cuerpo indivisible con dos o más cabezas, para recuperar la metáfora de Kantorowicz. Está claro, sin embargo, que esta reducción posee sus matices y formas o estilos, justamente, distintos. Trump, insisto, recupera con su discurso y estilo el imaginario de una "sociedad blanca" *encarnada*, como dije, por la parte de esta que integran los *redneck* del interior profundo de Estados Unidos y *los white working class people* de la industria y la vida urbana. Como señala lúcidamente William Connolly en su excepcional ensayo *Aspirational fascism* (sobre el que volveremos enseguida), ese imaginario se tiñe, se mezcla y se hace *carne* como el estilo de ser carne de una forma de sociedad democrática, en los bordes o límites de la propia democracia, con el intenso nacionalismo y el triunfalismo blanco que sintetiza, *encarna,* insisto, la densa y precisa expresión *Make America Great Again*. Esta, por ende, no solo es efectivamente un slogan bien pensado e incisivo para el ritmo y los tiempos de una campaña electoral que, en el marco de las democracias actuales, demanda este estilo de frases o expresiones cuya potencia interpelativa, si se me permite el término, es indudable. Antes bien, condensa o *expresa*, precisamente, lo que la última palabra de aquella sugiere sin decirlo del todo: "la imagen ficticia de un Estados Unidos, el de los años '50, anterior al momento en que los movimientos sociales de pluralización adopten un papel activo"[47] en la vida pública y política. *Una imagen ficticia*, no obstante, no significa y no tiene nada que ver, aquí, con el montaje falso de una sucesión de sentidos que un paisaje ilustra y que, como tal, se opone a la verdad como la realidad a la ficción. Como de hecho sugiere Rancière en su libro *La fábula contrariada*, el sentido originario de la palabra ficción, que deriva del verbo en latín *fingere,* no es fingir sino forjar o modelar. Por tanto, lo que aquella imagen o paisaje forja o modela es, en suma, lo que aquella reducción quiere modelar o forjar: el paisaje o la imagen de una sociedad que se refleja solo en la parte que es la carnadura de su esencia o de su *ethos* más propio.[48]

En efecto, en el caso de Milei y Bolsonaro esta esencia o *ethos* más propio se revela, o toma relieve, de igual modo o a partir de

---

47. Connolly, William: *Aspirational Fascism. The Struggle for Multifaceted Democracy under Trumpism,* Minneapolis, University of Minnesota Press, 2017, p. 11.

48. Véase, sobre este último punto, el capítulo anterior.

la misma economía o universo expresivo típicamente jacobino aunque, desde luego, como carne de la carne de un *ethos* o esencia distinto, esto es, como el *ethos* o esencia de las sociedades en las que estos nuevos estilos de liderazgos emergen. En Brasil, por ejemplo, este último se expresa, en el universo perceptivo que anima Bolsonaro, en la imagen, la *ficción*, del Brasil que encarnó el estilo de ser carne de este último durante la última dictadura militar que tuvo lugar en las décadas del '60 y '70: una mezcla, dicho de otro modo, del triunfalismo blanco "a la Trump" y del rechazo de plano a las minorías que, supuestamente, lo amenazan. Aquí, empero, este triunfalismo blanco adopta desde luego diferentes matices o tonos. En primer lugar, se alimenta de su repulsión al imaginario de un Brasil negro y afro, un imaginario que remite al menos en sus contornos más nítidos a la herencia colonial que el etnicismo esclavista de los conquistadores supieron aprovechar y difundir en la cultura brasileña. En segundo lugar, aunque no menos importante, el bolsonarismo asume y configura un discurso abiertamente segregador, estigmatizante e intolerante con las minorías: homosexuales, mujeres y sectores populares suelen ser, de hecho, el blanco de dicho discurso.

En Argentina, por otro lado, aquel se despliega, con Milei y su libertarianismo revolucionario, a través del contraste de un *ethos* actual desgarrado y siempre visto como "producto de nuestra gran tragedia" (los últimos 40, 50, 60 ó 100 años de nuestra historia política, según el caso) con el que representa el horizonte de un país próspero y vital que encarna el estilo de ser carne de la sociedad argentina anterior a 1916, estilo cuyo nombre el historiador Natalio Botana supo ilustrar muy bien con su célebre texto del '77, como el *Orden Conservador*. No obstante, y más allá de estas particularidades o aspectos relativamente heterogéneos entre ellos, lo que reúne a todos estos fenómenos políticos de nuevo cuño, su jacobinismo, insisto, y la reducción del *populus* a una *plebs* que encarna el *ethos* o esencia de la comunidad y fija, a partir de ello, una frontera política rígida e inamovible que divide a la carne de aquella en un cuerpo de dos cabezas (o eventualmente más de dos cabezas), es al mismo tiempo, junto con esta torsión ética, su fuerte tono o estilo anti elitista. Esto último, sin dudas, convierte a estos nuevos liderazgos revolucionarios o jacobinos en objeto de una confusión tan común como resbaladiza, que no solo circula y se expande en el ámbito-intelectual y académico pero, sobre todo, en el mundo periodístico: la que los identifica y los ubica en ese remanido lugar que ocupan las experiencias populistas. Este anti-elitismo, empero, no responde a las mismas coordenadas en el universo expresivo de los populismos que en el de estas inéditas experiencias jacobinas de la política de principios del siglo XXI. No solo porque, en efecto, aquel estaba en los primeros subordinados a la economía propiamente populista del conflicto político, su antagonismo de fronteras movibles y de generación y regeneración de los actores políticos que encarnaban el lugar del enemigo y, por ende, de la *plebs* o el pueblo legítimo, sino porque los segundos combinan su economía jacobina de fronteras rígidas y de división de la carne de la carne de lo social con la oposición frontal, el rechazo, y la desmovilización de las minorías que muchas veces son paradójicamente parte del apoyo o sustento social principal de estos.

En este sentido, y para seguir con los ejemplos que antes mencionábamos, en el caso de Trump esa elite está encarnada por el *establishment* político que, casi desde los inicios mismos de la república constitucional norteamericana, domina el ritmo y el pulso de la política del país del Norte: las elites tradicionales que conforman al Partido Republicano y el Partido Demócrata, cuya alternancia en el gobierno le da forma a dicha política desde hace más de un siglo. En el caso de Bolsonaro, en cambio, esa elite privilegiada es la que encarna el PT de Lula, que retuvo el poder, hasta la asunción del primero en enero de 2019, casi veinte años. En el universo expresivo de La Libertad Avanza de Milei, por último, el anti-elitismo de este se expresa en su rechazo a lo que el líder libertario llama la "casta": una mezcla de la política más tradicional de la historia política argentina (cuyo caso paradigmático es el único partido cuya vida se prolonga más allá de los cien años, la Unión Cívica Radical), y el peronismo del último cuarto de siglo: el kirchnerismo.

Ahora bien: flaco favor le haríamos a la comprensión de este nuevo pliegue o torsión de la política democrática, o de la democracia simplemente, si escindiéramos este tono o estilo anti elitista de su economía estrictamente jacobina o, lo que es lo mismo pero producto de una operación distinta, si redujéramos esta última a un rechazo a las elites, entendidas estas como elites meramente políticas. Varios puntos, en este sentido, resultan vitales para dilucidar el entrelazo, para decirlo con Merleau-Ponty, que une ambos aspectos decisivos de este nuevo fenómeno político que, para recuperar las palabras del brillante teórico político William Connolly, podríamos sin dudas denominar como el pliegue fascista aspiracional de este jacobinismo de nuevo cuño (dentro del cual se encuentran, sin dudas, no solo Trump o el trumpismo sino también el bolsonarismo y el liberalismo libertario de Milei). En primer lugar, entonces, porque el reverso del anverso de este anti-elitismo es, justamente, la percepción de estas elites como carne de la carne de minorías que, en sentido estricto, aquellas *encarnan* y que, por ende, encarnan a su vez a segmentos de la sociedad mucho más amplios que su mera remisión a sectores o elites de la dirigencia política. Esto último es, en efecto, lo que describe la rígida frontera que separa un polo (el de la *plebs* como *populus*) del otro (el de la *plebs* como parte ilegítima del pueblo, y por ende como su "excremento") que el fascismo aspiracional de estas nuevas derechas, como comúnmente son conocidas, modela. El trumpismo, por caso, si bien se sostiene fundamentalmente en las amplias capas que conforman los sectores medios y bajos de la clase trabajadora blanca en Estados Unidos, la frontera política que divide la carne de la plebs legítima, esta última (aunque no exclusivamente, desde luego) de la ilegítima son, justamente, las minorías que conforman los afroamericanos, los latinos, los inmigrantes, las mujeres, en líneas generales, y particularmente aquellas insertas en el mundo profesional o liberal, etc. En este punto, de hecho, es que puede verse con mayor claridad el vínculo entre uno y otro aspecto de estos nuevos fenómenos políticos: el *establishment*, la elite, que conforman el Partido Demócrata, cuya "afinidad electiva" con las elites académicas, liberales y "progresistas" lleva ya varios años de vida en el escenario político de Estados Unidos, constituyen en dicho universo perceptivo la expresión, y la continuidad, de las políticas en favor de aquellas minorías (la propia figura de Hillary Clinton, en la elección presidencial de 2016 con Trump, es la ilustración más cabal de esa "afinidad" o continuidad carnal entre elites liberales y progresistas y segmentos desfavorecidos o minoritarios de la sociedad norteamericana: mujer, liberal, profesional y de larga trayectoria dentro del Partido Demócrata, Clinton sufrió insultos y descalificaciones de todo tipo por parte del ex presidente republicano durante la campaña). El bolsonarismo, por otro lado, tiene, entre otros, como principal blanco en la construcción de su frontera política a las minorías indígenas, los homosexuales y, también, a las mujeres. El ascenso y la expansión de todos ellos, vía diferentes políticas públicas y el reconocimiento de nuevos derechos, es el reflejo, en el imaginario expresivo de Bolsonaro, del ascenso y la expansión de la elite "comunista" del Partido de los Trabajadores de Lula. Por último, en el caso del libertarianismo revolucionario de Milei en Argentina, el lugar de esta *plebs* ilegítima, expresión de la expresión de su estilo jacobino y anti-elitista, lo ocupa lo que en su horizonte discursivo el líder político argentino, dijimos, denomina la "casta": encarnación, en efecto, no solo de una elite dirigencial, especialmente "sobrerrepresentada" por el kirchnerismo y el radicalismo, sino de aquellos sectores sociales vinculados a las políticas de asistencia social y a todos aquellos segmentos que, de algún u otro modo, están en relación con el Estado y el empleo público.

Dos cuestiones, aquí, asoman decisivas. En primer lugar, el estatuto, si se me permite la palabra, carnal, la inscripción, dicho de otro modo, que esta carne o parte minoritaria de la carne de la carne de lo social posee en la configuración y composición del universo expresivo que el fascismo aspiracional que este nuevo pliegue del jacobinismo del siglo XXI comporta. En efecto, este estatuto minoritario no debiera ser interpretado en su estricto sentido cuantitativo sino, insisto, en tanto carne de la carne, como expresión de un estilo específico de *ser* carne. Las mujeres, en este sentido, que son blanco, por ejemplo, tanto del bolsonarismo, del trumpismo como de buena parte del libertarianismo, con sus matices y tonos, desde luego, pero que en líneas generales constituyen parte de la *plebs* ilegítima del *populus* que estos configuran, no son, estrictamente hablando, minorías ni en Estados Unidos ni en Brasil ni en Argentina. Lo que, empero, las define como tales es su condición desigualitaria con respecto a otros sectores sociales (los varones, por caso). Esta condición desigualitaria es por ende lo que delimita su condición de minoría cuyo reverso es, por supuesto, la composición carnal de una mayoría. Y es aquí, de hecho, en donde toma particular relevancia, en términos no solo teóricos o heurísticos sino fundamentalmente históricos, la categoría que antes mencionábamos a propósito de estos nuevos estilos de liderazgos que William Connolly desarrolla en su libro homónimo: *Aspirational Fascism*. Si bien es cierto que dicha categoría le sirve al autor para comprender, *y componer*, muy particularmente el fenómeno del trumpismo como emergente singular del sistema político norteamericano en su relación estricta y a la luz de los primeros años del nazismo en Alemania, su extrapolación como horizonte para caracterizar y entender el jacobinismo de Milei y Bolsonaro, e incluso de las denominadas nuevas derechas que tiñen el mapa político de Francia, con Le Pen, de España, con Vox, o de Italia, con Meloni, es sin dudas más que productivo. Una larga y rica reflexión, en rigor, es la que despliega el teórico norteamericano a lo largo del texto para encontrar las aristas más relevantes de esta relación o vínculo o, mejor aun, "posibles sinergias", "afinidades a través de las diferencias" o "conexiones heterogéneas" entre "las etapas más tempranas del movimiento de Hitler en Alemania y la dinámica del movimiento de Trump en los Estados Unidos durante los últimos años".[49] Estas posibles sinergias, afinidades en las diferencias o conexiones heterogéneas no nos indican, sin embargo, que el expresidente republicano sea efectivamente un fascista o un nazi, como se preocupa de hecho de aclarar una y otra vez el propio Connolly en su lúcido ensayo. Describen, en todo caso y en mis propios términos, un universo expresivo afín, análogo, que permite el contraste entre fondo y figura, la iluminación de fenómenos actuales a partir de fenómenos pasados. Varias son, de hecho, las dimensiones que definen y delimitan esta afinidad o analogía entre universos expresivos distintos pero atravesados por dichas conexiones heterogéneas: un estilo retórico que, en el segundo, evoca el estilo retórico del primero, la puesta en escena y en sentido de falsedades o mentiras que importan mucho menos por el contenido no verídico que movilizan cuanto por su vínculo intrínseco con ese estilo retórico,

---

49. Connolly William: *Aspirational Fascism*, op. cit., p. 117. La traducción es mía.

el despliegue de un discurso y una comunicación eminentemente afectiva, la puesta en práctica de prácticas corporales que contornean formas identitarias colectivas, etc.

Quisiera, empero, detenerme en aquellas conexiones heterogéneas, o posibles sinergias, insisto, que entre ambos fenómenos resultan decisivas para avanzar en una comprensión profunda de la aspiración fascista de este pliegue contemporáneo que, desde mi punto de vista, define esta expresión inédita del jacobinismo. En este sentido es central, ante todo y en primer lugar, la adjetivación, o la etiqueta, con la que Connolly lo califica: la de fascismo aspiracional, esto es la idea de un estilo de fascismo que no es "completo" o cuya "morfología" no es, estrictamente hablando, la de un fascismo o la de los fascismos de mediados del siglo XX. Por supuesto que no se trata aquí de negar o rechazar los aspectos eminentemente antiplurales y en muchos casos resueltamente antidemocráticos que los componen. Sino, en todo caso, de dilucidar su especificidad como *torsión o pliegue*, como emergente contemporáneo, dicho de otro modo, de la política democrática, *al límite mismo* de la democracia. En primer término, entonces, el fondo heterogéneo que los diferencia, es decir que diferencia al fascismo de Hitler en particular pero de cualquier fascismo en general, de estos estilos jacobinos de nuevo cuño: su imposibilidad, o al menos la imposibilidad manifiesta que estos demostraron hasta ahora, de unir o enlazar su estilo retórico con un nuevo estilo de encarnación del poder en el derecho. Más allá de las declaraciones altisonantes de sus líderes, como son en especial el caso de Trump y Bolsonaro en contra de los escrutinios electorales, sobre todo en el contexto de sus derrotas en las urnas (como sucedió en 2020 y 2022, respectivamente), o enarbolando la consigna del fraude, en ningún caso esa consigna o rechazo desbordó, decía, su registro meramente retórico (de allí, en efecto, el vínculo entre este último, que antes mencionábamos, y su universo expresivo). Esta imposibilidad bien podría leerse, de todos modos, en distintos sentidos: como una imposibilidad intrínseca a estos, o como una imposibilidad coyuntural, por el otro, siempre pasible, por ende, de volverse posible. Poco interesa, sin embargo, "la verdad" de esta disyuntiva sino, antes bien, la sinergia específica que en la experiencia histórica realmente existente les da (o les está dando a los fascismos aspiracionales del nuevo siglo) su relieve: aquella que, en principio, no quiebra el principio de la desincorporación del poder propio de la aventura democrática sino que, muy por el contrario, no deja de apoyarse en este. Esta sinergia tiene, de hecho, en este último aspecto su primera característica distintiva: el vínculo necesario y mutuamente complementario entre la vocación de aquellos como movimiento de masas, su despliegue a partir de la movilización de estas, como en buena medida sucedió con los primeros años de los fascismos "clásicos", en efecto, y su legitimación vía el voto o el sufragio, es decir mediante las elecciones. Esto es, por ende, el primero, paradojal pero decisivo, elemento que configura al fascismo aspiracional de Trump, Bolsonaro, Milei, Meloni, etc.: su (al menos todavía) búsqueda de "retener la competencia entre partidos",[50] el sufragio como forma de gestión de la legitimidad del poder, la división, insisto, entre el derecho y el poder como dique último frente a la posibilidad de la unión de ambos en el cuerpo indivisible de un individuo como expresión de una comunidad política y social, un cuerpo, igualmente indivisible. Un elemento, desde luego, que no solo los separa de los fascismos clásicos, decía, sino también de la emergencia de autoritarismos de distinto tipo (como es el caso de Maduro en Venezuela, Ortega en Nicaragua, etc.).

En segundo lugar, aunque no menos importante, esta diferencia o heterogeneidad de los primeros con respecto a los segundos *se conecta* con la doble vocación, como también decía, que moldeó la carne de la carne de los fascismos de mediados de siglo: la de la fuerte movilización y ungimiento de las masas, por un lado, como principal resorte para construir la base social de su apoyo y, sobre todo, la erosión y la constante puesta en práctica, como reverso del anverso de esto último, de discursos, prácticas y sentidos, esto es de operaciones expresivas, que socavan el pluralismo necesario para la existencia y coexistencia de aquellas con las minorías en el marco de la vida en común o política (ya sea que se trate de la población afroamericana o latina en Estados Unidos con Trump, de la población indígena en el caso

---

50. Connolly, William: *Aspirational Fascism*, op. cit., p. 16. La traducción es mía.

de Bolsonaro, o de los sectores sociales vinculados a la "casta" con Milei en Argentina).

Ahora bien: lo que resulta igualmente vital de esta erosión constante y persistente del pluralismo que este estilo de fenómenos políticos pone en juego son, en efecto, los mecanismos que en los distintos sistemas políticos son desplegados una y otra vez con el objeto de lesionar, segregar y aislar a la *plebs* ilegítima. No solo se trata, por ende, de un estilo retórico, de la producción de un universo expresivo que ubica o asume a esta última, es decir a las minorías, como justamente la parte ilegítima de la comunidad social y política. Si, en este punto, los fascismos clásicos desplegaron contra ellas todo tipo de violencia física y de políticas sistemáticas de exterminio, sostenidas sobre la frágil pero efectiva tensión entre el apoyo popular, el miedo o el terror, y la supresión de los mecanismos eleccionarios o el autoritarismo (anudando el derecho con el poder bajo la matriz expresiva de un nuevo fenómeno político, los totalitarismos), en el caso de los fascismos aspiracionales que caracterizan la torsión contemporánea del jacobinismo este ejercicio de erosión constante y persistente adopta otras expresiones o estilos que, si bien no dejan de exponer estilos o expresiones de violencia de diverso tipo, no involucran la violencia física y sistemática propia de los totalitarismos (lo que, de todos modos, no implica su total exclusión de la vida política puesto que su influjo no deja de convertirse, frecuentemente, en un riesgo o en una amenaza constante contra las distintas formas que componen a la *plebs* ilegítima en cada caso).

Como vemos, y para decirlo de otro modo, el carácter aspiracional de este pliegue antiplural, fascista, en este sentido, de la democracia y de su política o *Stifung* es, por ende, el reverso y anverso que constituyen su *carne*, o su *carnadura,* su estilo de ser en eminente tensión con el carácter plural de esa *Stifung* o política. Lo que no impide, empero, su paradojal, insisto, apoyo en el principio de la desincorporación del poder de la propia democracia: puesto que *a la vez*, esto es al mismo tiempo que busca e intenta conformar una amplia base social, una mayoría, que lo legitime en las urnas, dirige todo su énfasis expresivo, tonal, estilístico, en el desplazamiento, el aislamiento y el ataque a la parte del cuerpo social ilegítima, desplazamiento, aislamiento y ataque que se constituye en el propio recurso de movilización y activación de esas mayorías: "El fascismo –escribe Connolly en su ensayo sobre el trumpismo– torsiona (*twists*) y distorsiona (*distorts*) a la democracia mientras retiene su imperativo de buscar una base en las masas".[51] Sin embargo, decía, este juego pendular, para retomar la expresión de Gerardo Aboy Carlés sobre los populismos, o de tensión entre la reducción del pluralismo de la expresión democrática de la política, de "violencia" contra las minorías, que se conjuga con, y que retroalimenta, la conformación de una mayoría activa con vocación de conformarse en la *plebs* legítima, adopta, decía, en los distintos sistemas democráticos y en las democracias contemporáneas en particular mecanismos *distorsivos* (para recuperar el término de Connolly) no necesariamente iguales sino *parecidos*. En el caso de Trump, por ejemplo, este mecanismo distorsivo de la democracia consiste en la puesta en práctica de formas "legales e ilegales de erosionar la participación electoral (*voter turnout*)"[52] de la parte de la comunidad política elegida como blanco de su matriz perceptiva: la población afroamericana, la comunidad musulmana, los inmigrantes latinos, etc. Es decir: no solo se trata, aquí, de la composición de un universo expresivo que configura a estos segmentos de la sociedad como *plebs* ilegítima, y por ende de su figuración como objeto de las más crueles estigmatizaciones, prácticas y discursos de segregación y discriminación de toda índole, sino de la erosión de su estatuto como actor político, desmovilizándolas y apalancando su rechazo o falta de entusiasmo en el acto eleccionario (que en Estados Unidos, recordemos, no es obligatorio sino facultativo, como en varias de las democracias más desarrolladas del mundo). Como vemos, este "mecanismo" no rompe ni quiebra el principio democrático de la desincorporación del poder sino que, a partir de la expresión jacobina de ese principio, lo disloca o lo distorsiona hasta volverlo contra sí mismo, reduciendo su carácter eminentemente plural vía la desmovilización de las capas más frágiles de la población que se convierten, así, rápidamente en el principal sostén de la frontera política típicamente jacobina que el universo expresivo de los fascismos aspiracionales dibuja y prefigura. En el caso de

---

51. Ibid, p. 8.
52. Ibid.

LOS PLIEGUES DE LA DEMOCRACIA

Bolsonaro o Milei en Argentina, en cambio, en donde el voto o el sufragio es obligatorio, este ímpetu distorsivo y antiplural se produce, lisa y llanamente, a través de la descalificación permanente de la condición política de la *plebs* ilegítima (la casta en el universo de Milei).

Todo ello, como puede deducirse de lo dicho, es lo que explica, por otro lado y para volver al argumento del inicio, el advenimiento de este pliegue contemporáneo del jacobinismo en las democracias occidentales de principios del siglo XXI: como una respuesta, una reacción, si se me permite la palabra, contra el exceso de formalismo y la ascendencia, al menos desde la década del '90, del pliegue ético de la política democrática: aquel que, decía en el capítulo precedente, tiende a la supresión de la diferencia entre el derecho y el hecho, y que evoca y asume una falsa racionalidad del diálogo en la conversación pública. Si, en este sentido, uno de los efectos más resueltamente ostensibles de la expansión de este último pliegue es, entre otros, la paulatina lesión de la deliberación pública como instancia de gestión del conflicto político, de los antagonismos y de las contradicciones propias de todas las sociedades democráticas del mundo, los fascismos aspiracionales, el trumpismo, el bolsonarismo, el liberalismo libertario, pero también las derechas radicalizadas de Europa, surgen en estricto contraste con este "anquilosamiento" que marcó el pulso de la vida pública de estas últimas décadas. En buena medida, el descontento democrático, del que se han hecho eco intelectuales, periodistas y analistas políticos de diversas latitudes e ideologías para caracterizar este anquilosamiento, esta distancia entre representantes y representados, entre Estado y sociedad civil o entre política y sociedad, que tiene desde luego un conjunto de variables que exceden ampliamente la sola aparición de este estilo de fenómenos, no puede, no obstante, escindirse de ningún modo de estos "fascismos" que, si bien encuentran resonancias más que evidentes y cruciales con los fascismos clásicos del viejo continente, como vimos, se separan de ellos en un punto decisivo (lo que, en efecto, los vuelve aun más complejos que los primeros): se presentan, y se consolidan, se desarrollan, y expanden, se despliegan, y amplían, como un pliegue más, el pliegue contemporáneo del jacobinismo, de las democracias del nuevo siglo.